KB247762

성공 영업,
시스템으로 승부하라

성공 영업, 시스템으로 승부하라

초판1쇄 인쇄 | 2014년 4월 15일
초판1쇄 발행 | 2014년 4월 20일

지은이 | 임종익
펴낸이 | 김진성
펴낸곳 | 효아테북스

편집 | 김선우
디자인 | 장재승
관리 | 정보해

출판등록 | 2005년 2월21일 제313-2005-000034호
주소 | 서울시 구로구 개봉동 359-18 한일코지세상 102동 201호
전화 | 02-323-4421
팩스 | 02-323-7753
이메일 | kjs9653@hotmail.com

임종익 © 2014
값 13,500원
ISBN 978-89-93132-30-4 13320

* 잘못된 책은 서점에서 바꾸어 드립니다.

성공 세일즈를 향한 8단계 시스템!

성공 영업,
시스템으로 승부하라

·임종익 지음

차례 | contents

■ 추천사 …8

■ 서문 …10

|1장| **꿈을 꾸고, 말하라**

01. 모든 것은 꿈에서 비롯된다 …15

02. 꿈의 크기가 성공의 크기를 좌우한다 …19

03. 꿈은 생명력을 지녔다 …22

04. 꿈과 목표의 차이를 인식하라 …26

05. 꿈을 좇아 실행하라 …30

06. 꿈을 형상화하라 …37

07. 꿈을 기간별로 계획하고 발산하라 …37

08. 꿈을 절대 포기하지 마라 …41

|2장| **결단하라**

01. 얻으려면 비워라 …47

02. 결단 목록을 만들어라 …51

03. 실패를 두려워하지 마라 …54

04. 사고를 변화시켜라 …58

05. 바로 실행하라 …62

06. 선택했으면 집중하라 …66

|3장| **꿈을 공유할 고객 리스트를 확보하라**

01. 고객 리스트는 왜 만들어야 하는가 ...73

02. 절대 섣불리 판단하지 마라 ...76

03. 고객 리스트, 가장 가까이서부터 찾아라 ...80

04. 고객 리스트를 확장하고 보완하라 ...84

05. 고객 리스트를 적는 방법과 우선순위 정하기 ...88

|4장| **실행이 답이다, 고객과 접촉하라**

01. 고객과 사전 약속을 정하라 ...95

02. 전화로 사전 약속 잡는 법 ...98

03. 약속 장소를 정하는 요령 ...103

04. 복장 및 좌석을 선택하는 요령 ...107

05. 편지를 활용하는 법 ...111

06. 이메일 및 스마트폰을 활용하는 법 ...117

|5장| 상품과 비즈니스를 열정적으로 설명하라

01. 먼저 고객의 말을 경청하라 …125

02. 칭찬으로 마음의 빗장을 열어라 …129

03. 상품과 비즈니스를 설명하라 …134

04. 직업별 설명 방법 1:보험 상품 설명하기 …139

05. 직업별 설명 방법 2:리쿠르팅 하기 …148

06. 무조건 팔아야 한다 …152

07. 다시 만날 약속을 하라 …156

|6장| 계속적인 만남을 통해 성과를 도출하라

01. 끈질김과 끈기의 차이는 무엇인가 …163

02. 계속된 만남에서 무엇을 얻을 것인가 …170

03. 무한한 신뢰 관계를 형성하라 …176

04. 계속적 만남에서 꼭 해야 할 것들 …181

05. 상품 설명을 위한 화법 …187

06. 리쿠르팅을 위한 화법 …201

07. 교육을 곧장 행동으로 옮겨라 …206

08. 작은 것도 그냥 지나치지 마라 …209

|7장| 멘토와 상담하라

01. 먼저 배우기를 청하라   ...215

02. 당신의 멘토를 만들어라   ...220

03. 솔직하라   ...225

04. 결과보다 과정을 중시하라   ...228

05. 튼튼한 조직, 상담으로 만들어라   ...231

|8장| 성공 시스템을 복제하라

01. 당신의 멘토를 복제하라   ...237

02. 조직 구성원에게 당신을 복제하라   ...241

03. 복제를 통해 삶과 비즈니스를 바꿔라   ...245

■ 맺음말   ...249

■ 성공 영업 8단계 시스템 실행 순서도   ...253

최근 기업들은 무한 경쟁 속에서 생산성 향상과 수익 증대를 위해 기술 개발, 교육, 영업 등에 많은 투자를 하고 있습니다. 그중에서도 무엇보다 가장 중요한 부분은 영업이라 할 수 있습니다. 결국 아무리 좋은 상품을 만들어도 팔지 못하면 살아남을 수 없기 때문입니다. 사실 기업의 생존은 영업에 달려 있다고 해도 결코 과언이 아닙니다.

기업에서 영업인은 항상 고객과 가장 가까운 접점에서 상품을 소개하고, 판매함으로써 고객에게 무한한 신뢰를 주는 아주 중요한 역할을 합니다. 이를 위해 오늘도 현장에서 수많은 영업인들이 열정과 성실성을 바탕으로 분주히 도전을 하고 있습니다.

영업, 세일즈는 사실 아주 멋진 직업입니다. 고객은 왕이라는 사실, 현장에 모든 문제와 답이 있다는 사실을 가슴으로 느끼며 고객과 진정으로 소통하고, 인적 네트워크를 구축해서 끝없이 도전한다면 성공 스토리의 참맛을 느낄 수 있기 때문입니다. 반면 영원하리라 믿었던 고객이 단 한 번의 실수로 뒤도 돌아보지 않고 떠나는 현실이나 조그마한 실수로 자신의 브랜드에 큰 피해를 주는 현실은 많은 세일즈맨들을 고민에 빠지게 만들기도 합니다.

이번에 출간한 『성공 영업 시스템으로 승부하라』는 바로 이러한 세일즈맨들의 고민을 해결해 주는 지침서로서 결코 손색이 없습니다. 이 책은 50대의 평범한 저자가 15년간 현장 경험을 통해 몸소 경험한 것들을 담았습니다. 이를 통해 슬럼프 없이 꾸준히 성과를 유지하는 해답은 영업인 스스로의 의식 관리와 자기 계발에 있다고 말합니다.

"성공한 사람들을 따라가면, 성공에 이른다."라는 말이 있습니다. 앞서 갔던 눈길 위의 발자국을 따라가듯이, 성공했던 사람들의 습관을 좇아가면 성공에 이를 수 있습니다. 영업도 마찬가지입니다. 두려워하지 않고 꾸준히 앞서 갔던 선배들의 발자국을 따라가면, 당신도 어느새 성공의 반열에 올라 있을 것입니다.

오늘도 열심히 고객을 만나고 고민하며 성공을 꿈꾸는 영업인들에게 일독을 권해 드립니다.

전 삼성생명 부회장
朴根壬

인생의 반환점을 지나는 시점에 이 책을 통해 많은 사람들과 삶의 경험을 공유하게 되어서 크나큰 축복으로 여깁니다. 서민들이 중산층 이상이 되기란 낙타가 바늘구멍에 들어가는 것보다도 어렵다고들 말합니다. 하지만 꿈이 있는 사람은 절대 도전을 포기하지 않습니다. 이 책은 성공을 위한 8단계를 저의 15년 영업 경력(네트워크 마케팅 7년과 보험 8년)과 버무려 발간한 것입니다.

필자는 평범한 사람들이 중산층 이상이 되는 유일한 방법은 영업밖에 없다고 생각합니다. 그러나 영업은 결코 쉽지 않습니다. 그렇기 때문에 오히려 기회가 있는 것입니다. 이 모두를 가능케 하는 것은 체계적인 영업 시스템입니다.

영업은 종합 예술이라고 할 수 있습니다. 영업에서도 명작이나 걸작이 있습니다. 계약 하나 하나에 들어가는 영업인의 정성과 준비, 명확한 꿈과 확실한 목표, 취급하는 상품에 대한 자신감과 신뢰, 업業에 대한 투철한 사명감과 자긍심, 거기에 성공 영업 시스템이 결합한다면 누구나 명작이나 걸작을 창조할 수 있습니다. 많은 분들이 성공 영업 시스템을 장착하여 성공의 반열에 함께하시기를 기원합니다.

그리고 이 지면을 빌려 이 책을 쓰는 데 많은 격려를 보내 주시고, 함께 고민해 주셨던 많은 분들께 진심으로 감사의 말씀을 드립니다.

특히 인생의 멘토로 생각하고 끝까지 섬길 것을 약속드린 (주)신립공업 김효성 대표님, (주)만서기업 원천수 대표님, 박재갑 전무님, (주)포센 김동원 대표님과 변귀환 상무님, (주)경해산업 목진상 대표님, (주)다웅정보 장동석 대표님, (주)SNG 김영진 고문님, (주)포우산업 장진용 고문님, (주)반도호이스트 서종수 대표님, (주)영남산업 조정래 고문님, (주)포스휴먼스 송봉규 상무님, (주)화인텍 이해수 대표님,(주)포트렌스 이정모 대표님, (주)동성계전 배기홍 대표님께 감사를 드리며, 회사의 안정과 무궁한 번영을 기원합니다.

또한 이 책을 발간하는 데 용기를 주셨던 보험프라자 김원진 대표님, 알리안츠 법인 설우곤 대표님, 알리안츠 생명 부산 서면지점 임명기 지점장님, 포항대학교 이동록 교수님, 암웨이 싱크빅 그룹 최재완&하재숙 다이아몬드님과 이 책을 집필하는 6개월 동안 조언을 아끼지 않았던 삼성생명 신화법인 포항지점 식구들과 신화법인 서울 본사 임종일 대표님, 서정선 매니저님께도 심심한 감사의 뜻을 표합니다. 특별히 삼성생명 강북 AM 지역단 임필규 단장님과 저의 영적인 멘토이자 매주 영의 양식을 주시는 소망교회 김원주 담임목사님께도 진심으로 감사를 드립니다.

마지막으로 이 책의 원고를 일차 교정하고 타이핑까지 하느라 고생한 사랑하는 큰딸에게 훌륭한 아빠로 자리매김할 것을 약속합니다. 오랜 고민과 준비 끝에 부족한 저에게 모든 것을 가능케 하신 살아 계신 하나님께 이 모든 영광을 돌립니다.

이 책을 500만 영업인과 성공을 꿈꾸는 모든 이들에게 바칩니다.

임 종 익

꿈을 꾸고, 말하라

1. 모든 것은 꿈에서 비롯된다 | 2. 꿈의 크기가 성공의 크기를 좌우한다 | 3. 꿈은 생명력을 지녔다 | 4. 꿈과 목표의 차이를 인식하라 | 5. 꿈을 좇아 실행하라 | 6. 꿈을 형상화하라 | 7. 꿈을 기간별로 계획하고 발산하라 | 8. 꿈을 절대 포기하지 마라

모든 것은
꿈에서 비롯된다

당신은 세상을 움직이는 것이 무엇이라고 생각하는가? 물적 자원이나 탁월한 능력이라고 생각하는가?

아니다. 그것은 개인의 크고 작은 꿈에서부터 시작된다. 우리는 모두가 꿈을 꾼다. 여기서 꿈이란 잠을 잘 때 꾸는 것을 말하는 것이 아니라 당신이 간절히 바라고 원하는 것, 즉 희망을 의미한다.

작은 꿈이든 큰 꿈이든 꿈이 없으면 당신은 동물과 크게 다를 바가 없다. 동물이 꿈을 꿀 수 있는가? 꾼다면 그것은 개꿈일 뿐이다. 당신이 동물과 구별되는 가장 큰 차이점은 생각을 한다는 것이다. 생각을 한다는 것은 꿈을 그릴 줄 알고, 꿈을 이루기 위해서 계획을 짜고, 움직인다는 것을 의미한다.

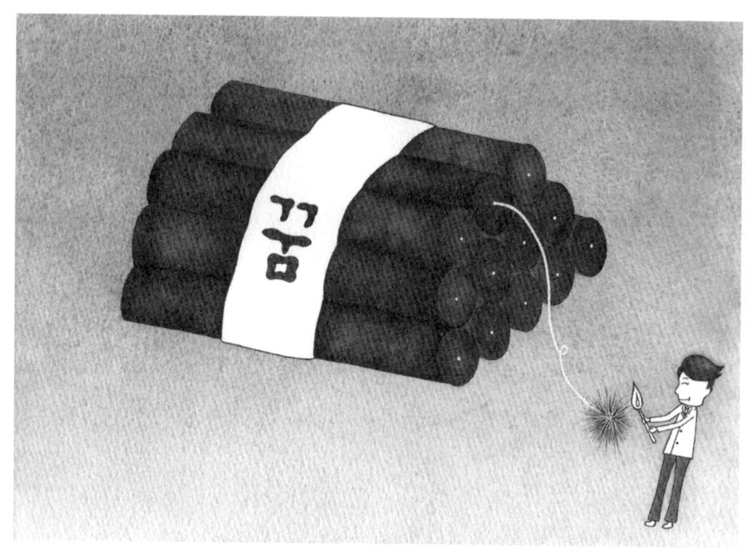

지하철이나 대합실에서는 심심찮게 노숙자를 볼 수 있다. 그들은 무엇 때문에 과연 끝없는 노숙생활을 하는 것일까? 사업의 부도나 가정의 파탄 때문일까? 단지 그것 때문만은 아니다. 꿈이 없기 때문이다.

다음은 꿈이 기적을 만들어 낼 수 있다는 것을 여실히 보여 주는 사례다.

최근 미국의 애틀랜타에 사는 한 소녀가 언론의 화제가 된 적이 있었다. 그 주인공은 열일곱 살의 첼리사 피어스라는 소녀였다. 어머니 그리고 4형제와 함께 6년 동안 홈리스 생활을 해 왔다는 그녀는 몸이 불편한 어머니가 아파트 월세를 내지 못하자 차 안이나 보호시설에서 지내며 고등학교를 다녔다고 한다. 그리고 보호시설의 불이 꺼지면 어머니의 휴대전화 불빛에 기대어 공부한 끝에 고등학교를 수석으로 졸업했다고 한다. 다음은 그녀의 인터뷰다.

"해가 지면 교과서를 읽기에는 너무 어두워서 엄마의 휴대전화를 몰래 켜서 공부해야 했어요. 집안일도 걱정해야 했고, 학교 일도 걱정해야 했죠. 가끔은 굶기도 했어요."

그렇다면 그녀를 일으켜 세운 것은 과연 무엇이었을까? 다음의 인터뷰 내용에서 답을 찾을 수 있다.

"어머니가 암에 걸리자 집안이 어려워졌어요. 다시는 저와 같은 어려움을 겪는 사람이 나오지 않도록 암을 연구하는 사람이 되고 싶어요."

결국 그녀는 졸업을 앞두고 인근 대학에서 좋은 평가를 받아 대학 생활 3년 동안 장학금을 받으며 학교를 다닐 수 있게 되었다고 한다. 그리고 이처럼 어려운 환경을 이겨 낸 그녀의 의지의 숭고함과 위대함에 수많은 언론들이 찬사를 보냈다고 한다.

당신도 이처럼 꿈이 있다면, 성공적인 미래를 그릴 수 있다. 미래를 그리면 일어설 힘이 생긴다. 일어설 힘이 생기면 가족이 보이고, 가족이 보이면 희망이 생기고, 희망이 생기면 노숙 생활을 벗어나 희망 찬 생활에 도전할 수 있다.

꿈은 이처럼 모든 일과 목표에 도달할 수 있는 원동력이자 엔진이다. 꿈꾸는 자만이 꿈꾸는 세상을 가질 수 있다. 그러니 당신은 꿈의 크기를 키우고, 꿈을 간절히 원해야 한다. 꿈이 당신을 멋진 삶으로 이끌어 주는 나침반이 되어 주기 때문이다.

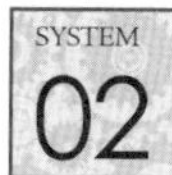

꿈의 크기가
성공의 크기를 좌우한다

당신이 마당에 나무를 심는다고 가정해 보자. 나무를 심을 때, 좁은 마당에 촘촘히 심은 것과 넓은 마당에 널찍하게 심은 것 중 어떤 것이 더 잘 자란다고 생각하는가?

그럼 이제 화분에 화초를 심는다고 가정해 보자. 작은 화분과 큰 화분에 화초를 심은 것 중 어떤 것이 더 크게 자라겠는가? 당신은 분명히 넓은 마당에 널찍하게 심은 나무, 큰 화분에 심은 화초가 더 잘 자라고 더 크게 자란다고 답할 것이다.

당신의 꿈도 마찬가지다. 당신은 처음부터 큰 꿈, 높은 목표를 가져야 한다. 이것은 이룰 수 없는 허무맹랑한 꿈을 꾸고, 황당한 목표를 가지라는 의미가 아니다. 실현이 가능한 꿈을 크게 꾸고, 달성 가능한 목표를 120% 이상의 높이에 설정하라는 말이다.

필자는 과거에 학원을 운영한 적이 있다. 그때 학생들의 꿈과 목표의 크기가 그들의 성적 향상과 비례한다는 것을 확인할 수 있었다. 실제로 꿈이 크고 목표가 높은 학생은 꿈이 작고 목표가 낮은 학생과 공부하는 과정이나 습관 등에서도 많은 차이를 나타냈다. 결과가 달라지는 것은 당연했다.

하버드 대학교에서 졸업 예정자들을 대상으로 한 조사 결과도 이러한 사실을 뒷받침해 준다. 그들에게 졸업 후에 무엇이 되고 싶은지 설문조사를 실시했다. 그러고 나서 20년 후, 그들의 사회적 지위를 조사했더니 꿈이 크고 목표가 분명하고 높았던 졸업 예정자들이 대체로 사회에서 높은 지위를 차지하고 있었다고 한다.

왜 이런 결과가 나타난 것일까? 무엇보다도 꿈의 크기가 성공의 크기를 결정하기 때문이다. 나무가 땅의 넓이나 화분의 크기에 따라 다르게 자라듯이, 사고를 하고 무궁무진한 가능성을 지닌 인간은 개개인이 지닌 꿈의 크기에 따라 개개인의 성공도 하늘과 땅의 차이를 보인다. 이처럼 꿈의 크기에 따라 성공의 크기에 차이가 생기는 이유는 인간의 모든 생각과 인체의 모든 기관들이 꿈을 성취하기 위해 적응하고, 변화하기 때문이다.

그런데도 당신은 작은 꿈에 만족하겠는가? 아직도 그런 생각을 하고 있다면 성공학의 대가인 브라이언 트레이시(Brian Tracy)가 당신에게 도움이 될 것이다. 브라이언 트레이시는 인생에서 가장 중요한 시기인 20대를 식당에서 접시닦이로 시작했다. 배운 것이 없었기 때문이다.

그리고 23세에 영업을 시작했다. 하지만 초기에는 판매 수수료 몇 푼으로 연명해야 했다. 고생은 고생대로 하면서도 겨우 입에 풀칠이나 하는 생활에 지친 그는, 어느 날 종이 한 장을 펼쳐 '한 달 매출 1,000달러'라는 목표를 적었다. 그리고 구체적인 실행 사항들을 수립하고 실천해 나갔다. 그 결과 그는 지금 세계 최고의 경영 컨설턴트이자 성공학의 대가가 되었다.

당신은 어떤가? 큰 꿈과 높은 목표를 향해 달려가고 있는가?

꿈은 생명력을 지녔다

필자가 강의를 할 때 "당신은 꿈이 있습니까?"라고 물으면, 대부분의 사람들은 "꿈이 없습니다."라고 대답하거나 대답을 하지 못한 채 웅얼거리거나 머리를 긁적이며 쑥스러워한다. 그렇다면 그런 사람들에게는 꿈이 없는 것일까?

아니다. 누구나 크고 작은 꿈들은 가지고 있게 마련이다. 그런데 그들은 왜 꿈이 없다고 말하거나 꿈을 자신있게 말하지 못하는 것일까?

몇 년 전에는 필자도 꿈이 없다고 생각했다. 당연히 오늘이나 내일, 작년이나 올해가 별반 다르지 않았다. 날이 갈수록 삶이 힘들고, 생활이 빡빡해지는 것을 느낄 수 있었다. '과연 무엇 때문일까?'라고 곰곰이 생각해 보았더니 스스로 꿈을 꾼 적이 없다는 사실을 깨달았다. 꿈을

갖는 것이 사치라고 생각했던 것이다.

그러니 꿈을 표현할 수도 없고, 미래를 상상할 수도 없었다. 현실에 너무 급급하다 보니 거기에 내 모든 시간과 열정을 쏟아붓고 있었던 것이다. 모든 것이 꿈꿀 수 있는 환경이 되어야 한다고 여겼던 탓에 아무것도 시작할 수 없었다. 지금은 '그렇게 어리석은 생각이 어디에 있단 말인가?'라는 생각이 든다. 꿈은 누구나 꾸고 있고, 꾸는 자만의 것인데 말이다.

빅토르 프랑클(Viktor E. Frankl)의 『죽음의 수용소에서』라는 책을 보면 다음과 같은 글이 나온다.

한 돈 많고 권력 있는 페르시아 사람이 어느 날 하인과 함께 정원을 산책하고 있었다. 그런데 갑자기 하인이 비명을 지르면서 자신이 방금 죽음의 신을 보았 노라고 말했다. 그러고는 죽음의 신이 자기를 데려가겠다고 위협을 했다는 것 이다. 하인은 주인에게 가장 빨리 달리는 말을 빌려 달라고 애원했다. 그 말을 타고 오늘 밤 안으로 테헤란으로 도망을 치겠다는 것이었다.

주인은 흔쾌히 승낙했다. 그러자 하인은 허겁지겁 말을 타고 테헤란을 향해 떠났다. 주인은 발길을 돌려 자기 집 안으로 들어갔다. 이번에는 그가 죽음의 신과 마주치게 되었다. 그러자 주인이 죽음의 신에게 물었다.

"왜 그대는 내 하인에게 겁을 주고 위협을 했는가?"

그러자 죽음의 신이 대답했다.

"위협하지 않았습니다. 다만 오늘 밤 그를 테헤란에서 만나기로 했는데 그가 아직 여기 있는 것을 보고 놀라움을 표했을 뿐입니다."

그렇다. 여기서 하인이 죽음의 신을 대하듯이 당신은 자신의 삶을 대하고 있지는 않은가. 허겁지겁 말이다. 만약 그렇다면 당신은 꿈을 꿀 수 없거나 있다고 해도 전혀 알아차리지 못할 수밖에 없다.

꿈은 생명력을 가진 화초와도 같다. 당신은 지금 당장 꿈의 씨앗을 뿌려야만 한다. 뿌리지 않으면 거둘 것이 없기 때문이다. 씨앗을 뿌리지 않았는데도 스스로 성장하는 것은 세상 어디에도 없다.

당신은 자신의 꿈을 부정하지 않고 긍정하며, 지속적이고 계획적으로 관리하며 다독여야 한다. 그래야 당신의 꿈이 올곧게 자랄 수 있기 때문이다. 당신은 한 그루의 화초를 키울 때도 많은 준비를 하고 행동

을 할 것이다. 씨앗을 어디에 뿌려야 할지 고민하며, 씨를 뿌리고 나서
는 정성을 다해 물과 영양분을 공급할 것이다. 하물며 자신의 내적 성
장과 사회 발전의 원동력이 되는 꿈은 말하면 무엇하겠는가?

당신은 꿈의 씨앗을 뿌린 후 생명을 불어넣고 있는가? 그리고 꿈이
잘 자라도록 물과 영양분을 계속 공급하고 있는가? 꿈은 당신이 뿌린
최초의 씨앗처럼 지속적으로 성장하여 상상할 수 없을 만큼 큰 열매를
맺게 한다. 당신이 그 열매를 기대한다면, 그것을 가꿔야만 한다.

꿈과 목표의 차이를 인식하라

당신은 이제 꿈이 무엇인지 구체적으로 알게 되었을 것이다. 그리고 꿈을 조금씩 현실화한다는 것이 무엇인지 어렴풋이나마 이해했을 것이다. 꿈은 기본적으로 믿음에서 시작된다. 성경 말씀에 의하면(히브리서 11:1), "믿음은 바라는 것들의 실상이요. 보지 못하는 것들의 증거"라고 했다. 지금 당신의 꿈도 이와 마찬가지다.

그렇다면 이런 꿈들을 좀 더 구체적으로 실행에 옮기기 위해서는 어떻게 해야 할까? 기본적으로는 목표와 계획이 필요하다. 꿈과 목표, 계획은 모두 비슷해 보이지만, 실상은 차이가 있다. 그리고 이들은 상호작용을 하며 유기적인 관계에 놓여 있다.

영업을 하는 당신이 두 자녀의 공부방과 서재와 부부의 아늑한 침실을 갖춘 40평 규모의 아파트를 갖고 싶다고 가정해 보자. 이를 위해 당신이 3년 계획을 세웠다면, 무엇을 어떻게 해야 할까? 그 꿈을 이루기 위해 당신은 우선 구체적인 목표(단계적 목표)와 계획을 세워야 한다.

그러려면 당신은 현재 거래되는 40평 규모 아파트의 시세를 인터넷이나 공인중개사를 통해 알아보아야 할 것이다. 그러고 나서 현재 자신이 살고 있는 거주지의 시세와 지금까지 저축해 놓은 가용자산을 점검한 후, 부족한 금액을 모으기 위한 계획을 세워야 할 것이다.

그 결과, 당신이 3년 동안 2억 원을 모아야 한다고 생각해 보자. 당신은 기본적으로 매년 6,000만 원 이상 저축해야 할 것이다. 그리고 매년 6,000만 원을 저축하려면, 생활비와 기타 비용을 제외하고도 매월 500만 원을 저축해야 한다는 결론에 도달할 것이다. 게다가 맞벌이를 하지 않고 당신 혼자 벌어 매월 생활비로만 약 400만 원이 들어간다고 가정했을 경우, 당신은 한 달에 최소한 1,000만 원의 수입을 올려야만 그 꿈을 이룰 수 있다.

그러면 당신은 이제 1,000만 원의 수입을 목표로 그것을 달성하기 위한 계획을 세워야 할 것이다. 물론 당신이 다니는 회사나 직종에 따라 조금은 다르겠지만, 그 정도의 수입을 올리기 위해서 당신은 세부적인 계획을 세우고 실행해 나가야 할 것이다. 그리고 하나하나 그 계획을 실행해 나가다 보면 자신의 꿈과 목표를 실현하는 데 한 걸음 더 다가가게 될 것이다.

이처럼 꿈의 구체적인 실행 과정이 바로 목표와 계획이라고 할 수 있다. 이것을 그림으로 나타내면 다음과 같다.

꿈은 이처럼 목표와 계획을 실행함으로써 더욱 구체화되게 마련이다. 자동차를 움직이기 위해서는 연료가 필요하듯이, 꿈이 계속 살아 움직이고 유지되기 위해서는 목표와 계획이 필수다. 자동차에 연료가 없으면 무용지물이 되고 말듯이, 꿈만 있고 목표와 계획이 없다면 꿈은 그저 몽상에 지나지 않는다. 궁극적으로 목표와 계획은 꿈과 실행을 잇는 다리인 것이다.

이와 마찬가지로 목표와 계획이 없는 실행은 시간 낭비, 자원 낭비만을 불러올 뿐이다. 그리고 실행이 없는 목표와 계획은 허황된 바람일 뿐이다. 꿈과 목표, 계획이 하나가 되어 일심동체처럼 움직일 수 있는가에 대한 답은 결국 실행을 하느냐의 여부에 달려 있다.

꿈을 좇아 실행하라

필자는 어려서부터 남들을 이기고 싶은 욕심이 그 누구보다도 강했다. 이제 와서 돌이켜 보면 궁극적으로 그때 원하는 만큼 성공하지는 못했다. 노력 부족이 그 원인이라고 할 수 있다. 욕심은 앞섰지만 정작 무엇이든 꾸준히 하지 못하고, 미래를 향한 도전보다는 현재의 안락함을, 힘든 일보다는 쉬운 일을 선택했다. 그 당시에 꿈은 없고, 그저 마음만 앞세우는 욕심쟁이에 불과했던 것은 아니었는지 회한이 들기도 한다.

그렇다면 욕심과 꿈은 무엇이, 어떻게 다른 것일까? 욕심은 상대적이다. 경쟁 상대가 있어야 하고, 비교 대상이 있어야 한다. 당신이 다른 사람의 눈을 의식하는 이유도 바로 여기에 있다. 다른 사람이 당신을

어떻게 볼까 생각하거나 다른 사람이 당신을 어떻게 평가할지 전전긍긍해 속병이 나는 것도 모두 욕심 때문이다.

욕심은 평가 기준이나 평가 주체가 자기 자신이 아니다. 항상 남을 의식한다. 그리고 '욕심이 화를 부른다.'는 말처럼 타인과의 경쟁으로 인해 극심한 스트레스를 불러일으켜 만병의 근원이 되기도 한다. 당연히 평소에 얼굴 표정이 좋을 리 없다. 인간관계 또한 좋을 리 없다. 다른 사람을 항상 자신의 경쟁 상대로 여기고, 얼굴에 '내 천(川)' 자를 그리는 사람 주변에 과연 사람이 몰리겠는가? 그런 사람 주변에는 허허로운 웃음과 형식적인 관계만이 존재할 뿐이다.

그러나 꿈은 다르다. 꿈은 상대적인 것이 아니라 절대적인 것이다. 꿈은 다른 사람과 비교하지 않으며, 오로지 자신의 성장과 발전만을 위해 스스로 기준을 세우고 스스로 실행한다. 경쟁 상대도 다른 사람이 아니라 '어제의 나'일 뿐이다. 궁극적으로는 자기 자신과 경쟁하는 것이다.

꿈은 사람을 긍정적으로 만들고, 스스로를 성장시키며, 발전시다킨다. 그래서 꿈을 가진 사람은 특유의 자신감과 유쾌함으로 항상 얼굴 표정이 밝고 활기차다. 그렇게 다른 사람에게 행복 에너지, 행복 바이러스를 전파하기 때문에 당연히 인간관계도 좋을 수밖에 없다.

당신은 자신의 꿈이 욕심이 되도록 놔두어서는 안 된다. 다른 사람을 이기고 짓밟는 욕심이 아니라 스스로에게 동기를 부여하고, 나와 가족, 주변 사람과 조직을 살리는 그런 꿈을 꾸어야 한다.

바둑에서 자충수라는 것이 있다. 일상에서 '자충수를 둔다.'는 말은 스스로의 행동이 결국에는 자신에게 불리한 결과를 가져오는 것을 비유적으로 일컫는다. 그렇다면 사람들이 자충수를 두는 이유는 무엇 때문일까? 바로 욕심 때문이다. 욕심은 눈을 멀게 하고, 조바심을 불러오며, 평정심을 잃게 한다.

당신은 이제 혼자서만 사는 욕심이 아니라 서로 공유하며 살 수 있는 꿈을 좇아야만 한다. 그리고 돌탑을 꾸준히 쌓아 올린다는 마음가짐으로 포기하지 말아야 한다. 꿈이란 단번에 이루어지는 것이 아니다. 만약 하루아침에 이루어지는 꿈이었다면, 도전하지 않을 자가 어디 있으며 쟁취하지 못할 자가 어디 있겠는가.

꿈을 이루는 것은 밥을 짓는 것과 같다. 쌀을 씻은 후 물을 끓이고 뜸을 들여 밥을 짓는 과정과 같은 것이다. 일정한 과정과 실행, 기다림이 있어야 비로소 꿈은 당신의 손안에 들어온다. 밥 짓는 과정을 견뎌내지 못하면 설익은 밥을 먹어야 하듯이, 꿈을 이루는 과정을 이겨내지 못하면 설익은 꿈과 마주할 수밖에 없다.

꿈을 형상화하라

당신은 왜 많은 사람들이 쉽게 꿈꾸지 못한다고 생각하는가? 그리고 왜 많은 사람들이 자신의 꿈을 다른 사람에게 이야기하지 못한다고 생각하는가? 또한 그들은 왜 자신의 꿈을 쉽게 망각하고 포기한다고 생각하는가?

여러 가지 이유가 있겠지만, 가장 큰 이유를 꼽는다면 꿈을 형상화하지 못했기 때문이다. 꿈을 내 것으로 만들지 못해서 꿈이 자신과 함께 움직이지 않기 때문에 그런 것이다. 따라서 꿈을 이루기 위해서는 꿈과 혼연일체가 되어 항상 함께해야만 한다.

그렇다면 꿈은 어떻게 하면 형상화가 가능할까? 아주 간단하다. 종이에 쓰면 된다. 정말일까? 『종이 위의 기적, 쓰면 이루어진다』라는 책을 보면 다음과 같은 구절이 나온다.

하루는 아들 피터가 손에 종이 한 장을 든 채 무척 당황해하며 내게 다가왔다. "엄마, 방 청소를 하다가 이걸 찾았어요. 2년 전에 썼던 거예요. 그런데 지금 보니 신기하게도 이 목록에 적혀 있는 일들이 다 이루어졌네요. 썼다는 사실조차 잊어버리고 있었는데……."

일단 목표를 적기 시작하면, 두뇌는 그에 관한 것들에 대해 민감하게 반응하고 의식하기 시작한다. 당신도 당연히 예측할 수 있듯이 그것은 자연스레 실행으로 이어진다. '쓰는 대로 이루어진다.'라는 말처럼 쓴다는 행위가 기적을 불러오는 이유가 바로 여기에 있다.

당신은 버킷 리스트(Bucket List)라는 말을 들어 보았는가? 이 말은 원래

중세 시대에 자살할 때 목에 밧줄을 감고 양동이를 차는 행위인 'Kick the Bucket'에서 유래했다. 죽기 전에 꼭 해야 할 일이나 하고 싶은 일들을 적은 목록으로, 살아생전 그때그때 생각나는 대로 소소한 자신의 꿈을 노트에 써 놓은 것이라고 할 수 있다.

꿈도 마찬가지다. 버킷 리스트처럼 쓰면 된다. 그러면 꿈은 이제 허공을 떠도는 것이 아니라 당신의 것이 된다. 생각하는 것과 쓰는 것의 차이가 바로 여기에 있다. 생각은 말처럼 그저 머릿속을 이리저리 맴돌다가 흘러가거나 잊혀지기 쉽다.

그러나 쓰는 것은 전혀 다르다. 그것은 흐르는 생각을 담는 댐, 이리저리 떠도는 생각을 붙잡아 내 안에 담는 그릇이라고 할 수 있다. 동기 부여나 성공에 대해 강의하는 사람들이 줄기차게 쓰기를 주장하는 이유도 바로 여기에 있다. 통장의 잔고나 돈도 마찬가지지만, 생각도 붙잡아서 모아 두어야 불어나게 마련이다.

자, 이제 당신이 간절히 원하거나 이루고 싶은 꿈을 생각나는 대로 적어 보자. 오직 자신의 내면만을 바라보고, 영혼의 캔버스에 그리듯이 하면 된다. 다른 사람은 전혀 의식할 필요가 없다. 당신은 지금까지 충분히 다른 사람이 원하는 삶을 살아오지 않았는가. 이때만큼은 당신과, 당신의 성공만을 생각하라. 당신의 인생과 성공이 걸린 문제이기 때문이다.

지금까지 하고 싶었지만 하지 못했던 것, 앞으로 정말 하고 싶은 것들을 꿈의 크기나 형식에 상관없이 일단 적어 보라. 하던 것을 잠시 멈

추고 어릴 적 부모님에게 갖고 싶은 것을 사 달라고 조르던 마음으로 무작정 적어 보라. 적었다면 그것을 누구나 볼 수 있고, 잘 보이는 곳에 붙여 둬라. 그러면 꿈이라는 화초는 활발한 광합성 작용으로 당신에게 예쁜 꽃과 알찬 열매를 가져다 줄 것이다. 자, 이제 이곳에 당신의 꿈을 적어 보라.

  1. 당신이 하고 싶은 것

  2. 당신이 갖고 싶은 것

  3. 당신이 가고 싶은 곳

꿈을 기간별로
계획하고 발산하라

당신은 앞의 글을 통해 비로소 꿈을 꾸기 시작했을 것이다. 그동안 아무런 꿈이나 목적도 없이 그저 다람쥐 쳇바퀴 돌듯 생활하다가 자신의 꿈을 좀 더 구체화해 보고 싶은 욕구가 생겼을 것이다. 이것은 그야말로 좋은 징조다.

자, 이제 꿈이 달아나지 않도록 꽉 붙잡아 둘 단계다. 그냥 내버려 두면 꿈은 눈앞에서 신기루처럼 사라져 버린다. 꿈을 붙잡을 수 있는 방법은 앞에서 배운 것처럼 글로 적어 잘 보이는 곳에 붙여 놓는 것이다.

그렇게 했다면, 이제 꿈을 언제까지 이루겠다는 데드라인을 정해야 한다. 데드라인이 없는 꿈이나 목표, 계획은 앙꼬 없는 찐빵과 다를 바 없다. 우리가 일상 업무, 하물며 밥 먹는 것조차도 몇 시부터 몇 시까지

하겠다고 시간을 정한 이유가 바로 여기에 있다.

인간은 기본적으로 느슨해지고 싶은 나약한 마음을 가지고 있으며, 그런 자신에게 관대하다. 인간이 이기적인 동물이기에 가지는 자연스러운 현상이라고 할 수 있다. 매년 새해면 사람들은 새로운 마음가짐으로 신년 계획을 세운다. 담배를 끊겠다든지, 아침형 인간이 되겠다든지 마음속으로 다짐을 한다.

하지만 며칠만 지나면 어떻게 되는가? 그런 다짐은 온 데 간 데 없이 다시 예전 모습으로 돌아가 버린다. 요요현상, 관성의 법칙처럼 말이다. 작심삼일(作心三日)이라는 말이 등장한 이유가 여기에 있다. 이처럼 인간은 의지가 약하고, 그런 스스로에게 관대하다.

그에 반해 성공한 사람들이나 위대한 사람들이 가졌던 특징 중 대표적인 것 하나를 들라면 극기상진(克己常進)을 꼽을 수 있다. 자신을 끊임없이 채찍질해 스스로를 올곧게 세우려고 끊임없이 노력한 것이다. 그 대표적인 척도가 바로 시간이다.

그들은 목표를 언제까지 달성하겠다고 데드라인을 정한 후에는 목표를 이루기 위해 수행해야 할 과제를 세분화해 부단한 노력을 기울였다. 즉, 모든 사람에게 공평하게 주어진 시간을 허투루 쓰지 않고 짜임새 있게 꿈을 실현해 가는 데에 활용함으로써 다른 사람들이 이루지 못한 성공과 업적을 이루었던 것이다.

스티븐 코비(Stephen Covey)가 『성공하는 사람들의 7가지 습관』이라는 책에서 시간 관리의 중요성을 설명하는 데 상당 부분을 할애한 것만 보아도 당신은 성공과 시간이 불가분의 관계에 있다는 것을 알 수 있을 것이다. 이처럼 성공한 사람들은 정작 시간이라는 지렛대를 활용해 들어 올리기 어려운 꿈을 끝내는 들어 올린 사람들이었던 것이다.

또한 성공한 사람들은 그것을 혼자만 알고 있는 것이 아니라, 외부에 공표하는 발산의 법칙도 적극 활용했다. 옛말에 몸에 있는 병과 하고 싶은 일은 발산하라고 했다. 하나님께 기도하는 것도 발산의 법칙이라 할 수 있다.

발산을 하면 그것은 어떤 식으로든 당신에게 돌아오게 마련이다. 만약 그것이 격려로 돌아온다면 더욱 용기를 갖고 매진하면 될 것이다. 반면에 핀잔으로 돌아온다면 오기를 가지고 격려를 받았을 때보다도 더 노력을 기울여 성공하고야 말겠다는 의지를 불태워야 할 것이다.

　사람들에게 왜 꿈을 다른 사람에게 말하지 않느냐고 물으면, 많은 사람들이 이루지 못할까 봐서 그런다고 답한다. 그리고 다른 사람들에게 핀잔을 듣는 것이 두렵다고 덧붙인다. 하지만 좋은 약은 입에 쓴 법이다. 당신에게 쓰디쓴 말을 해 줄 수 있는 사람이라면 당신에게 관심이 있거나 당신을 사랑하는 사람일 것이다. 관심이 없는 사람은 당신이 무엇을 하든 침묵을 할 뿐이다.

　자, 그러니 이제 당신도 더 이상 망설이지 말고 소중하고 간절한 꿈을 성취하기 위해 기간별로 계획하고 다른 사람에게 발산하라. 당신의 결단이 당신을 성공으로 이끌어 줄 것이다. 당신에게서 꿈을 빼앗을 사람은 아무도 없다. 꿈은 이루기 쉬운 것, 당장 급한 것, 기간이 짧은 것에서부터 중요한 것, 큰 것, 시간이 걸리는 것 순으로 마무리하면 된다. 이것을 글과 말로써 공표해 놓으면 한층 더 현실적이며 간절해질 것이다.

꿈을 절대 포기하지 마라

가발 공장 직공에서 59세의 나이로 하버드 대학교에서 박사학위를 취득해 많은 사람들에게 꿈과 희망을 안겨준 서진규 박사. 그녀는 우등상을 한 번도 놓친 적이 없는 공부 실력에도 불구하고 가난 때문에 대학 진학을 포기하고 가발 공장에 취직해야만 했다. 그것이 그녀의 첫 번째 좌절이었다.

그 후 식모살이로 취업 비자를 얻어 미국으로 홀로 건너가 대학을 다니며 새로운 삶을 꿈꾸었다. 그러나 사랑해서 결혼했던 남편의 끊임없는 폭력에 시달리다 못해, 거기서 벗어나려고 군대에 자원입대를 했다. 그것이 그녀의 두 번째 좌절이었다. 하지만 도피 차 들어간 군대에서 장교가 되면서 그녀의 삶은 술술 풀리게 된다.

그런 그녀는 자식 뒷바라지할 여유가 없었던 가정환경과 결혼에 실패해 여자로서의 행복을 잃어버렸을 때 크게 좌절했다고 한다. 하지만 그 시련들을 이겨 내고 오뚝이처럼 다시 일어설 수 있었던 것은 꿈이 있었기 때문이라고 고백한다. 그녀는 좌절의 순간마다 자신은 잠시 비극의 주인공을 연기할 뿐이며, 결국은 자신의 삶이 해피엔드가 될 것이라고 굳게 믿었다고 한다.

당신도 서진규 박사처럼 꿈과 희망을 좇다 보면 시련과 좌절에 부딪힐 수 있다. '세상만사'란 말이 괜히 있겠는가. 세상을 살다 보면 수많은 일이 일어난다는 의미다. 거기에는 좋은 일뿐 아니라 안 좋은 일, 기쁜 일뿐 아니라 슬픈 일도 포함된다. 살아가다 보면 사실 좋은 일보다는 안 좋은 일이 더 크게 다가오고 느껴지게 마련이다. 많은 사람들이 스스로를 불행하다고 생각하는 이유도 바로 여기에 있다.

꿈을 성취해 가는 과정도 마찬가지다. 자신의 생각대로 쉽게 성취될 때도 있지만, 그 과정이 험난할 때도 있다. 필자도 나이 오십을 넘기고 나서 돌이켜 보니 그동안 세상의 풍파를 수없이 겪었다는 것을 알게 된다. 그것을 이겨 냈기에 지금의 모습으로 존재할 수 있는 것이다.

그리고 지천명, 즉 하늘이 명한 바를 아는 나이가 되다 보니 포기만 하지 않는다면 조금 빠르거나 늦을 뿐이지 언젠가는 목표를 달성하여 꿈을 이룬다는 것을 깨닫게 된다. 서진규 박사가 환갑을 앞둔 나이에 박사학위를 딴 것처럼 말이다. 그렇게 본다면 세상은 누가 먼저 성공하느냐가 중요한 것이 아니라, 어떻게 성공하느냐가 더 중요하다고 할 수 있다.

그렇다면 사람들은 왜 인생에서 포기를 하는 것일까? 여러 가지 이유가 있겠지만, 가장 큰 이유를 들라면 꿈과 희망이 없기 때문이다.

필자는 20년 전 한 건물에 학원과 가게를 운영했다. 두 사업은 그럭저럭 잘되었지만, 건물 주인의 부도로 전세 보증금을 하나도 받지 못한 채 건물에서 쫓겨나야 했다. 그때가 30대였는데, 앞이 막막했다. 받지 못한 전세 보증금이 7,000만 원이었다. 지금처럼 임대차 보호법도 없었다. 7,000만 원을 고스란히 날리고 매일매일 실의에 빠져 있었다.

하지만 포기할 수 없었다. 꿈이 있었기 때문이다. 그중 한 가지가 동기부여에 대한 책을 쓰고 싶다는 것이었다. 하나님께서 동기부여에 대한 책을 쓰도록 하기 위해 수많은 실패와 온갖 고난을 준다고 긍정적으로 생각하면서 기쁜 마음으로 모든 것을 이겨 나가기로 마음먹었다. 그때부터 책을 읽기 시작했다. 그리고 네트워크 마케팅에 도전해 에메랄드 핀에까지 올랐다.

또한 8년 전부터는 보험영업을 시작해 많은 고객들에게 거절을 당하면서도 포기하지 않고 면역력을 키워 나갔다. 간절한 꿈과 희망이 있었기 때문이다. 상위 20%에 들기 위해서 열심히 고객들을 발굴했고, 남들보다 몇 배 더 많은 거절을 당해야만 했다. 좋은 결과를 가져오려면 거절도 많이 당해야 한다는 것을 몸소 체험했던 값진 경험이었다.

현재 SK야구단에서 감독으로 있는 이만수 감독은 1990년대에 삼성의 4번 타자로 활동하면서 홈런왕으로 큰 명성을 떨쳤다. 선수 시절 그는 홈런을 많이 친 것으로도 유명했지만, 삼진을 많이 당한 것으로도 유명했다. 그의 빛나는 홈런 뒤에는 드러나지 않는 무수한 삼진 기록이 존재했던 것이다. 하지만 지금은 어떤가. 사람들은 그를 삼진왕으로 기억하는 것이 아니라 홈런왕으로만 기억한다.

영업도 마찬가지다. 거절을 많이 당할수록 성공에 가까워지고, 꿈에 한 걸음 더 다가갈 수 있다. 필자는 이를 '거절의 법칙'이라고 한다. 하나님께서는 "너희가 감당치 못할 일은 피할 길을 예비하사 너희로 능히 감당하게 하신다."(고린도전서 10:13)라고 하셨다. 이것을 믿고 어려움을 기쁘게 이겨 내기 위해 절대, 절대 포기해서는 안 된다.

자, 이제 앞에서 적은 꿈을 정리해 보자.

[꿈의 리스트 작성표]

기간	간절한 꿈	계획 시기	달성 시기	비고
단기 (~3년)	예) 가족과 함께 제주 여행	2014년 8월		
중기 (3~7년)	예) 40평 아파트 구매	2020년 4월		
장기 (7년 이상)	예) 전원주택 부지 구매	2024년		

결단하라

1. 얻으려면 비워라 | 2. 결단 목록을 만들어라 | 3. 실패를 두려워하지 마라 | 4. 사고를 변화시켜라 | 5. 바로 실행하라 | 6. 선택했으면 집중하라

얻으려면 비워라

성공을 위한 8단계 중 앞의 1단계에서 당신은 간절한 마음을 담아 자신의 꿈을 수첩에 쓰거나 어딘가 잘 보이는 곳에 붙여 놓았을 것이다. 그리고 나서 당신은 설렘과 에너지가 어딘가에서 용솟음치는 것을 느꼈을 것이다. 하지만 그것은 첫 단추를 낀 것에 불과하다.

필자의 오랜 경험으로 볼 때, 당신은 얼마 지나지 않아 자신의 꿈을 망각하거나 실천해야 할 것들로 골머리를 앓다가 꿈에 냉담해질 수도 있다. 특히 다른 사람들이 당신의 꿈을 알고는 격려보다 핀잔이나 돌아서서 코웃음을 치면 더욱 그럴 것이다.

하지만 당신은 자신의 꿈을 결코 과소평가하거나 간과해서는 안 된다. 성공의 첫 단계를 밟으면서 당신이 얼마나 꿈에 부풀었는지를 생각해 보라. 이처럼 당신 혹은 다른 사람의 부정적인 생각은 꿈의 추진력을 떨어뜨려 온갖 갈등을 불러일으키게 마련이다.

그 소중한 꿈이 당신 혹은 다른 사람의 부정적인 생각으로 인해 망각의 늪에 빠지게 해서는 안 된다. 그 누구에게도 당신의 꿈을 빼앗기지 마라. 당신의 꿈은 당신 자신만의 것이다. 그 누구도 그것을 뺏어 가거나 훔쳐갈 수 없다.

당신은 학창 시절에 추진력과 마찰력에 대해 배운 적이 있을 것이다. 그때 당신은 추진력이 마찰력보다 크면 물체가 앞으로 움직이고, 반대로 마찰력이 추진력보다 크면 앞으로 움직일 수 없다는 사실을 배웠을 것이다.

꿈도 마찬가지다. 꿈보다 부정적인 생각이 더 크면 꿈은 앞으로 나아갈 수 없다. 그럴 때는 더 큰 추진력이 필요하다. 여기서 추진력이란 앞에서 당신이 적은 간절한 꿈이다. 그리고 마찰력은 자신의 부정적인 생각과 제3자의 방해라고 할 수 있다.

그런데 마찰력은 가까운 사람일수록 더 강한 영향을 끼치는 특성을 지니고 있다. 그들은 과거의 당신, 변화하기 전의 당신—가령 당신의 게으름, 작심삼일, 부정적인 생각, 습관 등—에 대해 너무나도 잘 알고 있기 때문이다. 따라서 당신의 꿈을 가로막는다고 해서 그들을 원망해서는 안 된다. 모든 것이 과거의 나로부터 비롯되었음을 자각하고, 당신이 꿈을 향해 변해 가는 모습을 보여 주면 된다.

하물며 예수님께서도 정작 당신의 고향에서는 사람들에게 별로 인정을 받지 못했다고 한다. 왜 그랬을까? 고향 사람들이 어린 예수에 대해 너무나 잘 알고 있었기 때문이다. 당신의 삶이 예수님에 비해 잘 살지 못했으리라는 것은 분명하니 가까운 사람에게 쉽게 인정받지 못하는 것은 너무도 당연하다.

그렇다면 예수님께서는 고향 사람들이 당신을 인정해 주지 않는다며 원망하고 꿈을 포기했을까? 그렇지 않았다. 당신의 꿈에 매진해 고향 사람들의 생각을 바꾸고, 세상을 변화시켜 절대 성자가 되었다. 만약 그때 고향 사람들이 자기를 인정해 주지 않았다고 하여 그들을 탓하고 모든 것을 포기했다면 오늘날 기독교와 교회는 없었을 것이다.

당신은 예수님이 아니다. 그래서 가까운 사람들이 자신을 몰라주거나 인정하지 않는다면 분명히 상처를 받을 것이다. 하지만 그렇더라도 포기하면 안 된다. 미래에 대한 꿈과 비전을 가져야 한다. 그러기 위해서는 과거의 당신과 이별을 해야 한다.

"얻으려면 버려라."라는 말이 있다. 당신은 자신이 목표로 했던 꿈을 데드라인 내에 성취하기를 원할 것이다. 그렇다면 제일 먼저 해야 할 것은 과거의 나와 헤어지는 일이다. 과거의 것을 움켜쥔 채 또 다른 성공을 꿈꾼다는 것은 결코 쉬운 일이 아니다. 누군가가 물이 담긴 컵에 음료를 담으라고 한다면, 당신은 어떻게 하겠는가? 당신은 이미 그 답을 알고 있지 않은가.

한 번은 필자가 한 과일 가게 앞을 지난 적이 있었다. 다섯 살 정도 되어 보이는 어린 꼬마아이가 그 앞에서 진열되어 있는 앵두를 먹고 싶다는 듯이 빤히 쳐다보고 있었다. 그 모습을 본 과일집 주인이 꼬마 아이에게 말했다.

"먹고 싶어? 먹을 만큼 집어 가렴."

그러나 친절한 과일집 주인의 허락에도 불구하고 꼬마아이는 망설이기만 하고 있었다. 손에 벌써 과일을 한 움큼이나 쥐고 있었기 때문이다. 손에 쥔 과일을 포기할 수 없었던 꼬마아이는 어쩔줄 몰라하며 그저 앵두를 바라보고만 있었다. 손에 쥔 과일을 놓지 못하니 앵두를 가질 수 없었던 것이다.

이런 경우가 비단 꼬마아이에게만 한정되는 것은 아니다. 당신도 이런 행동을 하는 사람들을 주변에서 무수히 보아 왔을 것이다. 소중한 것을 버려야 더 소중한 것을 가질 수 있는 법인데 말이다. 당신은 간절히 원하는 꿈을 성취하기 위해서 무엇을 버릴 것인가? 물론 버리지 않는다고 해도 삼시 세 끼 따뜻한 밥은 먹을 수 있다. 그러나 더 멋진 미래는 장담할 수 없다.

사람은 남자와 여자라는 두 부류로 태어난다. 하지만 살아가면서 인생의 결과라는 이름표를 달고 이 세상을 떠나게 된다. 어떤 사람은 성공자라는 이름으로, 어떤 사람은 패배자의 이름으로 말이다.

결단 목록을 만들어라

이제 성공을 위해 결단을 해야 할 시간이다. 성공에 도움이 되는 습관은 유지하되, 방해가 되는 습관은 과감히 버려야 한다. 그러나 성공에 방해가 되는 습관을 버리기란 무척 힘든 일이다. 금단현상 때문이다. 그 고비를 잘 넘기지 못하면 당신은 다시 원점으로 회귀할 수밖에 없다.

이를 막기 위해서는 과감한 결단과 끊임없이 꿈을 되새기는 시간을 가져야만 한다. 그래야만 당신은 자신과의 싸움에서 승자가 될 수 있다. 다른 사람을 이기는 것보다 자신과의 싸움에서 승자가 되는 것이 훨씬 어렵다. 그렇다면 어떻게 해야 자신과의 싸움에서 승리할 수 있을까? 그 열쇠는 다음 사항을 실천하는가의 여부에 달려 있다.

1. 과감한 결단이 필요하다.

2. 포기보다 꿈이 커야 한다.

3. 부단히 노력해야 한다.

자, 이제 결단 목록과 함께, 결단을 시작하는 시기와 끝내는 시기를 적어 보자. 사람은 무슨 일을 하든 90일 정도만 반복하면 몸에 배어 습관이 된다고 한다. 단군신화에서 환웅이 곰에게 굴속에서 마늘과 쑥을 100일 동안 먹도록 했던 것이 그냥 우연이었을까?

의학적으로 우리 몸속에 있는 피와 세포가 새로 생기는 데는 약 90일이 소요된다고 한다. 습관도 마찬가지다. 90일 동안 새로운 일을 계속하면 그것은 곧 습관이 된다.

그럼 지금부터 결단 목록을 적어 보자.

구분	결단 목록	시작 시기	종료 시기
계승해야 할 습관	예) 주 1회 책 한 권 읽기		
버려야 할 습관	예) 텔레비전 시청		

결단 목록을 적었다면, 당신은 이제 쉬운 것부터 하나씩 바꿔가면 된다. 지금부터 즉시 실천하는 것이 무엇보다 중요하다. 시간을 미루다 보면 다시 결단을 내리기가 점점 더 힘들어지기 때문이다. 처음 다이어트를 하는 사람보다 두 번째, 세 번째 시도하는 사람이 더 어려움을 겪는 것처럼 말이다. 지금 실행할 수 있는 것부터 행동으로 옮기는 용기가 필요한 이유가 바로 여기에 있다.

SYSTEM

03

실패를 두려워하지 마라

실패를 두려워하거나 용기가 없어서 작은 것 하나조차 시도하지 못하는 사람들이 의외로 많다. 그런 사람들에게 故 정주영 회장의 "해 봤어?"라는 한마디는 도전정신을 일깨우고 자신의 마음가짐을 되새기게 만드는 최고의 명언이라고 할 수 있다.

그는 거북선이 그려진 500원짜리 지폐 한 장으로 차관을 이끌어 낸 지략가이자, 무에서 유를 창출한 최고의 경영자이며, 난세에서 기업을 살려낸 불세출의 영웅이라 할 수 있다. 그런 그가 지녔던 최고의 덕목은 도전정신과 실패를 전혀 두려워하지 않는 무모함이라고 할 수 있다.

모든 사람은 성공을 원한다. 그러나 성공을 원하면서도 정작 두려움 때문에 무엇 하나 해 보지 않고 성공에 한 걸음 더 다가서지 못하는 사람들이 많다. 해 보지 않으면 아무런 결론이 나지 않는데도 말이다.

무언가를 시도해 봐야 비로소 답이 나오는 법이다. 해 보고 실패하면 다음번에는 그와 같은 실패를 하지 않기 위해 노력할 것이고, 해 보고 성공하면 부단히 노력해 한층 더 발전할 수 있다. 이것이 바로 자연이 지닌 '진화의 법칙'이라고 할 수 있다.

그렇게 본다면, 생물학자 라마르크(Lamarck)의 '용불용설'도 바로 "해 봤어?"라는 말의 의미와 일맥상통한다고 할 수 있다. 즉, 수많은 시행착오를 거듭하면서 새로운 것을 창조해 낸 인류 문명의 발전도 바로 '해 보는 것'에서 비롯되었다고 할 수 있다.

그리고 도전정신과 무모함을 내포한 "해 봤어?"라는 말이야말로 오늘날의 현대를 세계적인 기업으로 성장시킨 원동력이라고 할 수 있다. 만약 그러한 도전정신과 무모함이 없었더라면 아무것도 가진 것이 없는 척박한 환경에서 어떻게 지금의 모습을 기대할 수 있었겠는가? 따라서 당신도 망설이지 말고 무엇이든 먼저 시작해 볼 필요가 있다. 그러면 곧 답을 찾을 수 있다.

필자는 젊은 시절 학원을 경영한 적이 있다. 그때 아내는 자녀들을 키우고 있었다. 그 때문에 때로는 우울증에 빠져 자신의 처지를 비관하기도 했다. 그런 아내가 안쓰러워 필자는 학원 옆에 백화점식 문구점을 차려 주었다. 학원과 가까워 힘들 때는 도와줄 수도 있겠다고 생각한 것이다.

그러나 상황은 필자의 예상과는 전혀 다르게 흘러갔다. 학원에 등록하는 학생들의 숫자가 점점 줄면서 학원 수입이 줄어든 것이다. 문구점을 시작하기 전에는 아내가 학원 옆에서 가게를 운영하는 것이 분명히 체계적이고 합리적이며 효율적이라고 확신했는데 말이다.

이 이야기를 하는 이유는 해 보지 않으면 아무것도 확신할 수 없다는 것을 말하기 위함이다. 시도해 봐야 다음에 일어날 문제에 대한 해결 방법과 대책이 나온다. 정작 학원 운영에 지장을 초래한 것은, 아내가 학원 옆에서 문구점을 운영하면 쉬는 시간에 도와줄 수 있다고 생각했던 것에 있었다.

필자에겐 효율적이고 최선의 방법이었을지 모르지만, 자녀를 학원에 보내는 학부모들에게는 그것이 불만이었다. 충실히 수업 준비를 해놓고 틈틈이 문구점 일을 도왔다고는 하지만, 학부모들에게는 수업 준비는 제대로 안 하고 문구점에서 장사나 하는 것으로 비쳤던 것이다. 어떤 학부모가 그런 원장에게 자녀들을 맡기겠는가.

그때 필자는 소중한 것을 배웠다. 어떤 일을 시작하기 전에 아무리 완벽하게 계획하고 준비한다 해도 막상 일을 시작하면 생각지도 않았던 변수들이 생기게 마련이다. 100% 완벽하게 준비한 후에 시도하겠다고 마음먹는다면, 급기야는 시도조차 못하게 된다. 시도가 없으니 당연히 아무런 발전도 없다.

필자는 그때 알게 되었다. 아무리 계획하고 준비해도 100%란 없다는 것을. 그리고 완벽히 계획하고 준비하기보다는 50% 이상만 준비되면 일단 도전해 보고, 그때그때 발생하는 문제들을 보완해 가는 편이 낫다는 것을. 또한 그것이 바로 세상사를 살아가는 요령이라는 것을.

영업도 마찬가지다. 준비가 완벽하지 못할지라도 내일로 미루지 말고, 실패를 두려워하지 않으며, 실패에서 또 다른 성공을 발견할 때까지 도전해야 한다. 그것이 당신에게는 값진 경험이 된다. 그리고 그 경험을 통해 당신은 삶의 진정한 요령을 찾을 수 있다.

요령은 사실 수많은 반복에서 오는 결과물이다. 요령은 선험적인 것이 아니다. 노력과 경험이 없는 요령은 없다.

사고를 변화시켜라

최근 사고를 변화시키라는 말이 여기저기에서 회자되고 있다. 하물 며 30여 년 전 삼성의 이건희 회장도 "마누라와 자식만 놔두고 모두 바 꿔라."라는 말로 변화를 외친 적이 있었다.

그러나 정작 제일 어려운 것이 바로 자신의 사고를 변화시키는 것이 다. 살아오면서 지금껏 쌓아 온 경험과 환경에 적응하며 형성된 사고, 즉 고정관념을 바꾸기가 어디 쉽겠는가. 앞에서도 말했듯이 습관이 만 들어지기까지는 90일이 걸린다. 고정관념은 그보다 수십 배 많은 시간 동안 체득을 통해 우리 안에 쌓아진 성이다.

꿈을 이루기 위해서는 뼈를 깎는 심정으로 사고의 변화, 즉 내 안에 있는 성을 무너뜨릴 필요가 있다. 모든 사람은 자기 안에 다른 사람이

범접할 수 없는 성을 지니고 있다. 그 성은 너무나도 공고해서 철벽의 요새와도 같다. 그렇다면 그 성을 무너뜨리려면 어떻게 해야 할까?

그 해법은 '트로이의 목마'에 있다. 영화 〈트로이〉를 보았거나 『오딧세이아』와 『그리스 로마 신화』를 읽어 본 사람이라면 트로이의 목마에 대해 잘 알고 있을 것이다. 트로이의 목마를 아는 사람이라면 지레짐작하겠지만, 일단 성문을 여는 것이 중요하다. 즉, 자기 스스로에게 '나는 할 수 있다.'고 최면을 걸며 문을 여는 것이다. 일단 문이 열리면 그다음부터는 일사천리다. 물론 그 후에 끈기와 인내, 도전의식은 필수다.

그런데 때로는 사명감이 성공을 불러오는 경우가 있다. 그러나 하기 싫은 일을 억지로 하는 것은 한계가 있다. 다른 사람이 이룬 만큼 성공할지는 모르지만 딱 거기까지다. 성공했더라도 더 이상의 발전이 없다. 노력하는 사람이 즐기는 사람을 이길 수 없다는 말이 나온 이유다.

즐기지 않으면 절대로 크게 성공할 수 없다. 즐기면 당신은 모든 주파수를 거기에 집중하게 마련이다. 그리고 한곳에 집중하면 성공은 따라오게 되어 있다. 당신은 이미 알고 있다. 집중해서 밀고 나가면 성공은 따라온다는 것을. 실제로 당신이 아는 성공한 사람들은 모두 그렇게 해서 성공한 사람들이다.

따라서 뭔가를 하기로 결정했다면 한곳에 집중해 당신의 모든 것을 걸어야 한다. '한번 해 보고 나서 안 되면 발을 빼야지.'라고 생각하고 있다면 차라리 그만두는 편이 낫다. 성공이란 그리 호락호락하지 않기 때문이다. 그렇게 쉽게 성공할 수 있었다면, 어떤 사람이 도전하지 않았겠는가. 괜히 어설프게 발을 담갔다가는 경제적인 손실을 입거나 시간을 낭비하거나 대인관계만 어긋날 뿐이다.

그러니 정상에 오를 자신이 없다면 애초에 출발을 하지 마라. 7부 능선에서 포기하면 마음만 아플 뿐이다. 모든 것은 성취할 때까지 수많은 시련을 안겨 준다. 그 시련을 이기도록 하는 것은 성공에 대한 환희와 그에 대한 의지와 갈망이다.

필자는 어렸을 때, 아버지를 따라 대중목욕탕에 가곤 했다. 어릴 때는 뜨거운 물에 들어가는 것이 쉽지 않았다. 그래서 뜨거운 물에 들어갔다가 얼른 뛰쳐나와 찬물에 들어가곤 했다. 그런데 나이가 들면서 달라졌다. 처음부터 뜨거운 물에 가슴까지 담근다. 처음만 뜨겁지 조금 지나면 시원했기 때문이다. 당신도 이런 경험을 해 본 적이 있을 것이다.

당신이 하고 있는 일도 마찬가지다. 결단을 내렸으면 지금 당장 실행해야 두려움을 한 번에 떨쳐 내고 성공을 향해 달려갈 수 있다. 두려움은 외부에 있는 것이 아니라 당신 안에 있다. 정작 성공의 적은 나 자신인 것이다.

옛날에 수도가 없는 곳에는 동네마다 공동 펌프장이 있었다. 그 펌프는 얼마 동안 사용하지 않으면, 얼마 후에는 아무리 펌프질을 해도 물을 길을 수가 없었다. 힘만 들 뿐이었다. 그런데 어머니가 한 바가지 가득 물을 부은 후 펌프질을 하면 금세 물이 콸콸 쏟아져 나왔다.

이때 펌프질을 위해 붓는 한 바가지의 물이 바로 마중물이다. 성공을 하려면 누구에게나 마중물이 필요하다. 그 마중물이 무엇인지는 사람마다 다를 것이다. 하지만 투자 없이 원하는 결과를 얻을 수 없다는 것만은 누구에게나 불변의 진리다.

다음은 필자가 투자에 대한 결과를 간략하게 요약한 도식이다.

$$결과(P) = 투자(a) \times 기술(b) \times 노력(c) \times 시간(d)$$

여기서 결과는 각자가 투자한 크기(a)에 기술(b)을 곱하고, 거기에 노력(c)과 시간(d)을 곱한 것이다. 투자가 작으면 다른 것에서 더 많은 노력을 기울여야 한다. 이것들은 모두 정비례 관계에 있다. 물론 한 부분이라도 0이 된다면 결과는 0이 나올 수밖에 없다.

바로 실행하라

당신은 지금까지 자신이 간절히 원하는 멋진 꿈을 이루기 위해 소중한 시간을 할애해 결단까지 내렸다. 이제 잠시 눈을 감고 당신이 성공한 모습을 상상하며 심호흡을 해 보라. 멀게만 느껴지던 성공이 손에 잡힐 듯 가까워지지 않았는가.

만일 그렇다면 당신은 본격적으로 실행을 생각해야 한다. 실행하지 않으면 모든 것은 수포로 돌아갈 수밖에 없다. 실행이 뒷받침되지 않으면, 그것은 망상에 불과하다. 이처럼 실행은 꿈을 현실화하는 데에 있어 화룡점정이라고 할 수 있다.

당신은 학창 시절에 공부 계획표를 한두 번쯤은 세워 보았을 것이다. 하지만 책상 앞에만 붙여 놓고 실행은 내일로 미루는 경우가 많았을 것이다. 내일은 실행했을까? 아마 또다시 모레로 미뤘을 것이다. 그렇다면 왜 이런 행동을 자꾸 반복했던 것일까? 여러 가지 이유가 있겠지만, 무엇보다도 처음 계획을 세울 때 지녔던 열정이 식어서다. 결단을 내리고 당장 실행하지 않으면 열정은 식게 마련이다.

그러면 급기야 다시 시간을 할애해서 계획을 짠다. 그러다 보면 계속해서 계획만 세우는 우를 범하게 된다. 이것이 바로 작심삼일이다. 따라서 성공을 계획하고 간절히 원한다면, 당신 안의 부정적인 모든 것과 결별해야 한다. 그리고 성공을 향해 어떠한 행동이든 지금 바로 시작해야 한다.

당신은 고등학교 때 '관성의 법칙'에 대해 배운 적이 있을 것이다. 움직이는 물체는 계속 움직이려 하고, 한 번 멈춘 물체는 계속 멈추려는 것이 바로 관성의 법칙이다. 당신도 마찬가지다. 한 번 쉬거나 포기하면 신체나 정신에 리듬이 끊겨 슬럼프에 빠지게 된다. 그리고 급기야는 여러 가지 부정적인 생각들이 떠올라 당신을 어지럽게 한다. 따라서 당신은 부정적인 생각들이 비집고 들어올 여지를 주어서는 절대 안 된다.

세상만사에는 양면성이 있다. 이 세상에 완벽한 상품이나 제도는 존재하지 않는다. 단지 부족함을 보완하고 완벽해지기 위해 지속적으로 노력할 뿐이다. 사람도 마찬가지다. 누구나 장단점을 가지고 있다. 100% 장점만 가진 사람, 100% 단점만 가진 사람은 이 세상에 한 명도 없다. 성공한 사람이란 그저 자신의 장점을 더욱 강화하고, 자신의 단점은 보완한 사람일 뿐이다.

그렇다면 당신은 장점과 단점 중에서 어디에 우선순위를 두어야 할까? 단점을 보완하는 것보다 장점을 강화하는 데 우선순위를 두어야 한다. 왜냐하면 단점을 보완하는 것은 쉽지 않을 뿐만 아니라 시간도 오래 걸리기 때문이다. 단점을 보완하다 보면 당신은 가졌던 열정이 식어 정작 장점을 강화하는 것까지 포기하게 된다. 따라서 자신의 장점을 먼저 강화해서 자신감을 얻은 후 단점을 보완해 가는 것이 훨씬 효과적이다.

하지만 많은 사람들은 처음 시도해 보는 것에 대한 막막함, 실패에 대한 두려움, 자신감 부족 때문에 실행을 머뭇거린다. 정작 부정적인 생각이 비집고 들어올 시간적·공간적 여지를 만들어 주는 것이다. 그러면 부정적인 생각들은 트로이의 목마처럼 당신의 정신과 육체를 하나씩 점령해 무기력증에 빠지게 한다. 악순환의 반복은 바로 여기서 시작된다.

따라서 당신은 부정적인 생각을 떨치고, 간절히 원하는 꿈을 성취하기 위해 지금 당장 첫 발을 뗄 필요가 있다. 이때 필요한 것이 바로 긍정적인 생각, 긍정적인 말, 긍정적인 행동이다. 긍정적인 생각은 긍정적인 말을 불러오고, 긍정적인 말은 긍정적인 행동으로 이어진다. 그리고 긍정 에너지는 당신 스스로에게 자신감을 불어넣어 더 좋은 결과, 더 좋은 성과를 가져다준다.

■ **당신이 지금 당장 실행해야 할 것**

1. 당신이 취급하는 상품을 먼저 100% 사용해 본다.

2. 당신의 회사에 대해 100% 신뢰감을 가진다.

3. 당신이 하는 일에 실패한 사람과는 만나지 않는다.

4. 성공을 향해 적극적인 행동을 취한다.

5. 성공을 함께 할 파트너와 상품 소개자 명단을 적는다.

SYSTEM

06

선택했으면 집중하라

최근 인터넷의 발달로 정보가 넘쳐 나고 있다. 모든 정보는 소수의 점유물이 아니라 대다수의 공공재가 된 지 이미 오래다. 어디 그뿐인가. '빨리빨리'로 대변되는 속도전으로 인해 현대인들은 과거와는 비교할 수 없이 바쁜 나날을 살아가고 있다. 이제는 수많은 정보 중에서 필요한 정보를 선별해 내는 것이 능력으로 인정받는 시대가 된 것이다. 이로 인해 화두로 떠오른 단어가 바로 '선택'과 '집중'이다.

당신은 매 순간 선택을 하며 살아간다. 당신은 선택할 수 없는 한 가지, 즉 어떤 부모에게서 태어날 것인지를 제외하고는 죽을 때까지 선택을 하며 살아간다. 탄생을 제외한다면 모든 것이 자신의 의지에 따른 선택인 것이다. 당신은 그 선택의 결과에 따라 성공과 실패, 천국과 지옥을 경험하게 된다. 당신이 자신의 선택에 따른 결과를 받아들여야만 하는 이유가 여기에 있다.

당신은 지금의 삶에 만족하는가? 그렇다면 선택을 잘해서 그런 것일까? 반면에 불만족스럽다면, 선택을 잘못해서 그런 것일까? 물론 그것 때문일 수도 있다. 하지만 거기에는 집중도 한몫을 차지한다. 기본적으로 집중은 몰입에서 시작된다. 몰입이란 '무언가에 흠뻑 빠져 있는 심리적 상태'를 말한다.

이 분야의 전문가인 황농문 교수는 『몰입』이라는 책에서 "몰입은 주어진 도전에 최대한 응전을 하는 상태"라고 말하며, 몰입의 필요조건으로 '도전'을 꼽았다. 그리고 "우리가 살아가면서 부담을 느끼는 모든 것을 도전으로 볼 수 있는데, 곳곳에 도전이 산재해 있고, 도전을 받아들이고 목표를 성취해 가면서 개인은 성장한다."라고 말했다. 이때 몰입은 가장 최적화된 상태에서 도전에 응하는 것이라며, 그는 몰입의 절대 조건으로 다음의 네 가지를 들었다.

1. 눈을 뜨고 있는 순간은 최선을 다해 치열하게 산다.
2. 휴식시간에는 모든 것을 내려놓고 쉰다.
3. 한 번에 하나만 집중해서 한다.
4. 답안지를 찾지 말고 돌아가더라도 독서나 치열한 사고, 경험을 통해 직접 답을 구한다.

당신은 무엇을 선택했든지 그것이 가능하다고 판단했기 때문에 선택을 했을 것이다. 그렇다면 선택한 것에 대해 고민해서는 안 된다. 조언을 구하거나 조사를 하려고 했다면 선택하기 전에 모두 끝냈어야 한다. 당신은 선택을 했다면, 더 이상 망설이며 뒤로 물러나서는 안 된다. 앞으로 나아가며 실행 단계로 접어들어야 한다.

하지만 실행을 하기 위해서는 당신의 역량 투자를 필요로 한다. 자본과 시간은 물론 노력이라는 투자 말이다. 그래야만 당신은 더 이상 물러서지 않고 당당하게 자신의 꿈을 향해 나아갈 수 있다. 여기서 당신의 자본과 시간, 노력이라는 투자는 성공의 밑거름이 될 뿐만 아니라 성공을 불러오는 도구가 된다.

중소 도시에서 자영업을 하는 사람을 예로 들어 보자. 그 사람은 기본적으로 점포 임대료, 시설비, 초도 상품 비용, 운영비 등 아무리 적게 잡아도 최소한 5,000만 원 이상의 자본을 투자해야 한다. 뿐만 아니라 휴일에도 쉬지 못한 채 자신의 시간과 에너지를 바쳐야 한다. 그래도 성공할까 말까다. 지금 성공의 꿈을 이루려고 하는 당신은 어떤가. 그 이상을 투자하고 있는가.

당신이 사는 세상은 공평하다. 노력하고 투자한 만큼 얻어진다. 노력을 하든지 하지 않든지, 투자를 하든지 하지 않든지 똑같다면 누가 절실히 노력하고 투자하겠는가. 그런데 공평함을 깨는 것이 있다. 바로 집중이다. 집중을 하면 잡념이 생기지 않고 긴장을 하게 된다. 긴장을 한다는 것은 일명 스트레스라고 할 수 있는데, 스트레스가 없다면 기력은 떨어지고 의욕도 사라진다. 적당한 긴장감은 성공을 위한 필수요건이지만, 과도한 스트레스는 만병의 근원이 된다.

당신은 얼마간 모든 신경을 한곳에 쏟았던 경험이 있을 것이다. 그 당시에는 아무 이상이 없었다가 마무리를 한 후에 몸살을 앓은 적이 있을 것이다. 왜 이런 일이 일어났던 것일까? 긴장이 풀려서 그렇다. 약간의 긴장은 이처럼 목표에 더 빨리 다가가는 원동력이 된다. 적당한 스트레스가 오히려 저항력을 높여 인간이 진화할 수 있도록 도와주는 것이다.

성공도 마찬가지다. 죽을힘을 다하면 정말 죽을 수밖에 없다. 과도한 스트레스가 만병을 불러오기 때문이다. 따라서 당신은 적당한 긴장과 스트레스로 자신을 자극해 스스로를 진화시키고, 스트레스를 기꺼이 즐김으로써 앞으로 나아가야 한다.

우리 사회에서는 사명감과 의무감을 과도하게 요구하는 경향이 있다. 사명감이나 의무감이 지나치면 지치게 마련이다. 그러면 집중도 할 수 없고 꿈을 향해 나아갈 수 없을 뿐만 아니라 쉽게 포기하게 된다. 목표점에 미치기 위해(至) 미치도록(狂) 일하는 것은 좋지만, 죽도록 미쳐서는(狂) 안 된다. 즐기면서 미쳐야(至) 한다. 그것이 바로 진정한 몰입, 진정한 집중이다.

꿈을 공유할 고객 리스트를 확보하라

1. 고객 리스트는 왜 만들어야 하는가 | 2. 절대 섣불리 판단하지 마라 | 3.고객 리스트, 가장 가까이서부터 찾아라 | 4. 고객 리스트를 확장하고 보완하라 | 5. 고객 리스트를 적는 방법과 우선순위 정하기

고객 리스트는
왜 만들어야 하는가

당신은 간절히 원하는 꿈을 이루기 위해 꿈을 적고 결단을 한 후, 이제 실행에 옮기는 단계로 접어들었다. 실행 단계에서 당신이 첫 번째로 해야 할 일은 고객 리스트를 만드는 것이다. 그렇다면 왜 고객 리스트를 만들어야 할까? 대체 누구를 적으란 말일까?

당신은 이 단계에서 거부감이 들어 머뭇거릴 수도 있다. 다른 사람에게 부담을 주는 것이 싫다는 이유 때문이다. 그런 생각을 가지고 있다면 고객 리스트를 만드는 것은 꽤나 어려운 일이 될 수밖에 없다. 필자도 강의를 하다 보면, 다른 사람에게 부담을 주는 것이 싫어서 영업을 하기 싫다고 말하는 사람을 만나곤 한다.

당신은 어떤가? 당신은 지금까지 고객이나 다른 사람에게 부담만 주고 살았는가? 만약 그렇다면, 당신은 고객 리스트를 만드는 것을 그만두어야 한다. 결과가 너무도 뻔하기 때문이다. 그렇다면 여기서 모든 것을 멈춰야 하는 것일까? 아니다. 먼저, 당신의 생각을 바꿔야 한다.

당신은 영업을 함으로써 예전보다 형편이 더욱 나아지리라 생각하지 않았는가? 그리고 성공할 수 있다는 희망이 생기지 않았는가? 또한 가능성이 있고, 조금씩 성공을 향해 가고 있다고 생각되지 않았는가? 그렇다면 당신은 성공에 대한 꿈을 주변 사람들과 공유해야 한다. 진정한 성공은 나 혼자만 성공하는 것이 아니기 때문이다. 다른 사람의 성공을 도와 당신이 저절로 성공하는 것이야말로 참된 성공이라고 할 수 있다.

하지만 세상에는 그런 성공이 그리 많지 않다. '남이 무너져야 내가 잘된다.', '다른 사람과의 경쟁에서 이겨야 내가 성공한다.'는 생각을 더 많이 하는 것이 작금의 현실이다. 사촌이 땅을 사면 배가 아픈 것을 너무나도 당연시하고 있다. 하지만 영업(판매), 특히 리쿠르팅을 위해 고객 리스트를 만드는 것은 다른 사람의 성공을 도와 당신이 성공하는 길이라고 할 수 있다. 그래도 고객 리스트를 적는 것이 부담스러운가?

만약 당신이 한 알만 먹어도 암을 고칠 수 있는 특효약을 알고 있다거나 그것을 구매하는 법을 알고 있다면, 당신은 혼자만 알고 있을 것인가? 그렇지 않을 것이다. 암 환자나 주변 사람 모두에게 알리려고 할 것이다. 그런데 당신은 왜 지금은 다른 사람에게 알리지 않는 것일까? 믿음과 확신이 없기 때문이다.

당신은 플라시보 효과라는 것에 대해 들어 보았는가? 약효가 전혀 없는 가짜 약을 진짜 약인 것처럼 가장해 환자에게 복용하도록 했을 경우, 실제로 환자의 병세가 호전되는 현상을 말한다. 실제로 별다른 효능이 없는 치료나 약을 처방해 환자가 쾌유에 대한 확신을 가지면 병이 낫는 경우가 의외로 많다고 한다. 이처럼 믿음과 확신은 강한 힘을 지녔다. 당신도 자신이 취급하는 상품이나 직업에 대해 확신을 가져야 하는 이유다.

정말 목표에 미치기(至) 위해서는 미쳐야(狂) 한다는 말이 있다. 그렇다면 당신은 무엇에 미쳐야 할까. 목적도 없이 미친다면 시골에서 머리에 꽃을 꽂고 다니는 향숙이가 될 수밖에 없다. 목적이 필요한 이유가 바로 여기에 있다. 그래야 당신은 망설임 없이 고객 리스트를 만들 수 있다.

당신은 자신의 성공과 상품에 대한 확신을 갖고 함께 진심으로 성공할 사람을 생각해야 한다. 진심은 통하게 마련이다. 다만 단계적으로 시간이 필요할 뿐이다. 사람은 자신을 진심으로 사랑한다고 느끼면, 마음의 문을 열게 마련이다. 당신은 개를 키워 본 적이 있는가? 아무리 사나운 개라도 몸과 마음을 다해 보살펴 주고, 사랑스러운 눈빛으로 쓰다듬어 주면 꼬리를 살랑살랑 흔들며 다가온다. 하찮은 미물도 자기를 예뻐하는 것을 알면 꼬리를 치며 다가오는데, 사람이라면 어떻겠는가.

아직도 부담스러운가? 당신은 성공을 갈망하는 또 다른 사람의 가슴에 희망의 촛불 하나를 점화하고 있는 것이다.

절대 섣불리 판단하지 마라

아무리 좋은 상품을 가지고 있다 해도 '누구에게 이 정보를 전달하고 팔 것인가?'를 생각하면 막막할 때가 많을 것이다. 왜 그럴까? 여러 가지 이유가 있겠지만, 무엇보다도 자신의 굴레에서 벗어나지 못했기 때문이다. 그 결과 '이 제품을 소개하면 그 고객에게 욕을 먹을 거야.', '그 고객은 이미 좋은 제품을 먹고 있을 거야.'와 같이 지레짐작해 버린다. 그리고는 포기한 후 까마득히 잊어버린다.

그리고 나서 얼마 지나지 않아 알게 된다. 그 고객이 다른 사람에게 비슷한 제품을 구매해서 사용하게 되었다는 것을. 그러면 그제서야 무릎을 치며 다음과 같이 후회한다.

'내가 왜 그때 그 제품을 소개하지 않았을까?

그렇다면 다른 사람에게 상품을 구매한 고객은 어떻게 생각할까? 왜 이렇게 좋은 상품을 먼저 알려 주지 않았느냐면서 원망하지는 않을까?

또한 당신이 정말 좋은 상품을 가지고 있지만, 가망고객이 그것을 구매할 능력이 없다고 지레짐작하는 경우도 있을 수 있다. 당신은 가망고객이 상품을 구매할 능력이 있다거나 없다는 것을 한눈에 알아볼 수 있다고 자신하는가? 만약 그렇다면 자동차 업계의 살아 있는 영업 달인으로, 대우자동차와 GM대우를 거치며 10여 년 이상 판매왕을 차지했던 한국GM 동대문 영업소의 박노진 대표의 사례를 보라.

박노진 대표는 8년 전 고객이 된 어느 할아버지를 떠올렸다. 고급차를 사려는 이가 있다는 친구의 소개를 받아 서울대학교 뒤편에 있는 관악산 근처의 한 동네를 찾아갔다. 할아버지는 허름한 집 한쪽에서 링거를 꽂은 채 누워 있었다. 박 대표가 깊숙이 고개를 숙여 인사를 하자, 이를 물끄러미 바라보던 할아버지가 물었다.

"당신네 회사에서 제일 비싼 차가 뭐요?"

그리고는 그 자리에서 계약서를 쓰는 것이 아닌가. 그러면서 할아버지는 이렇게 덧붙였다.

"당신이 오기 직전에도 차를 파는 영업사원 세 명이 왔었지. 하지만 나를 보더니 그냥 가 버리더군."

거기에서 깨달음을 얻은 그는 이렇게 말한다.

"영업은 만남과 실행의 연속이죠. 고객의 마음이라는 문을 열자면 이 두 가지가 필요해요. 거기서부터 시작돼요. 그저 차를 사겠다는 사람은 없어요."

이것은 선입견이 얼마나 무서운지 제대로 보여 주는 사례라고 할 수 있다. 아마 박노진 대표 이전에 찾아갔던 세 명의 영업사원들은 할아버지의 집이나 외모만 보고는 차를 팔 수 없다고 판단했을 것이다. 그들은 고객의 입장에서 상황을 보는 것이 아니라 자신의 입장, 자신의 이익만을 생각했던 것이다.

당신은 이처럼 자신만의 시선으로 다른 사람을 판단해서는 절대 안 된다. 고객은 고객으로만 보면 된다. 고객을 판단하려고 한다면 실수를 범할 수도 있다. 특히 가까운 고객일수록 그런 경우가 많다. 고객은 상황에 비추어 접근하는 것이 아니라, 그럴 만한 가치 있다고 여겨진다면 무조건 접근해서 상품이나 비즈니스를 소개해야 한다.

만약 당신이 상황만으로 고객을 판단한다면 한 명의 고객 리스트도 적을 수 없을 것이다. 왜냐하면 누구에게나 상품이나 비즈니스를 소개할 수 없는 이유는 있기 때문이다. 하지만 당신이 소개할 수 없는 그 이유가 오히려 다른 영업인에게는 소개할 수 있는 이유가 된다. 관점이 중요한 이유가 바로 여기에 있다. 어떤 관점에서 언제, 어떻게 고객을 만나느냐에 따라 모든 사람이 당신의 고객이 될 수 있다.

당신이 가가호호를 방문해 동물 사료를 판다고 가정해 보자. 누가 고객이 될까? 동물일까? 사람일까? 둘 중 하나가 고객이 될 수도 있고, 둘 다 고객이 될 수도 있다. 이런 경우에는 어떤 관점을 가지고 영업을 하느냐에 따라 달라진다. 여기에 가장 큰 영향을 미치는 것은 긍정과 적극성이다.

당신도 마찬가지다. 긍정과 적극성을 가지고 고객 리스트를 만들 필요가 있다. 머릿속에서만 생각하지 말고 일단 아무나 생각나는 대로 적어 보라. 그 고객이 내 말을 듣든지 듣지 않든지, 보험에 가입하든지 가입하지 않든지, 상품을 구입하든지 구입하지 않든지 그것은 그 다음 문제다.

세상에는 참으로 훌륭한 대학들이 많다. 그중에서 영업을 성공으로 이끄는 최고의 명문대학은 '무조건 들이대'다.

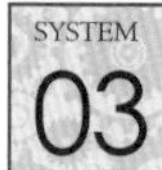

고객 리스트,
가장 가까이서부터 찾아라

자영업에서는 대체로 사업 아이템과 자본금의 규모가 사업 초기에 성패를 좌우한다. 그렇다면 영업 초기에 성패를 좌우하는 것은 무엇일까? 고객 리스트의 숫자다. 그만큼 고객 리스트의 숫자는 초기 영업의 성패를 좌우하는 중요한 요소다.

그렇다면 초기에 고객 리스트가 적은 사람은 영업을 포기해야 하는 것일까? 그렇지 않다. 고객 리스트가 적다고 해서 전혀 위축될 필요가 없다. 영업 활동을 해 가면서 만들어 가면 된다.

필자도 보험영업을 처음 시작했을 때에는 고객 리스트가 거의 없었다. 왜냐하면 친인척 중 한 사람이 30년가량 보험회사에서 지점장을 하고 있었기 때문이다. 하물며 우리 가족들도 그분의 고객이었다. 필자에게는 학원을 운영하면서 만났던 사람들, 네트워크 마케팅을 하면서 사귀었던 사람들, 교회에서 만났던 교인들밖에 없었다. 일찍이 중학교 때부터 대학교 때까지 대도시로 유학을 갔기 때문에, 영업을 시작할 때 고향인 포항 인근에는 학연, 지연 인맥조차 별로 없었다.

그래서 초등학교 앨범과 교회 요람을 펼쳐 놓고 관계를 맺고 싶은 사람들의 고객 리스트를 적기 시작했다. 물론 아직까지는 모두가 고객이 되지는 않았지만, 계속된 문자와 전화 연락으로 한두 분씩 고객 리스트로 만들어 가고 있다. 그 과정에서 필자는 1차 고객 리스트에서 2차 고객 리스트, 3차 고객 리스트로 고객들을 차근차근 관리해 왔다. 그리고 생활하면서 받아 놓았던 명함도 최대한 활용했다.

그런데 필자도 초기에 고객 리스트를 작성하는 과정에서 실수를 범한 것이 있었다. 친인척이 보험영업을 먼저 시작했다는 이유로 형제와 친인척들을 고객 리스트에서 제외한 것이다. 세월이 흐르면서 상품은 진화를 거듭하고, 고객들의 경제적 상황이나 니즈도 변하게 마련이다. 하지만 필자는 지레짐작해서 가장 가까운 연고 인맥을 고객 리스트에서 배제해 버린 것이다.

당신은 그런 우를 범해서는 안 된다. 당신을 중심으로 가장 가까운 친인척부터 고객 리스트에 올려야 한다. 그들을 고객 리스트에 올려야 하는 이유는 영업을 하기 쉬워서가 아니다. 사실 친인척에게 영업을 하는 것이야말로 가장 어려운 일이다. 상품에 대해 알려 하지 않고, 상품을 알고 구매하기보다는 의무감이나 동점심에서 사 주는 경우가 많다. 그것이 과연 좋은 영업일까? 얼마나 부담이 가는 영업인 줄 잘 알 것이다.

그럼에도 불구하고 가장 가까운 친인척부터 고객 리스트에 올리라는 이유는 무엇일까? 당신의 텃밭이기 때문이다. 그들을 단기적 성과를 올리는 도구로 활용하라는 것이 아니라, 장기적으로 당신을 지원하는 적극적인 지지자로 만들라는 것이다. 그들이야말로 당신이 고난을 딛고 성공하면 적극적인 지원군이 될 것이기 때문이다.

당신은 방송에서 볼링 경기를 본 적이 있을 것이다. 볼링을 잘 치는 사람들을 보면 일정한 패턴을 가지고 있다. 스트라이크 존, 즉 1번 핀을 조준하여 맞추는 것을 볼 수 있다. 그들이 1번 핀을 맞추려는 이유는 간단하다. '쓰리쿠션 효과' 때문이다. 1번 핀을 맞추면, 자연스레 1번 핀이 두세 개의 핀을 쓰러뜨린다. 그러고 나면 쓰러지는 두세 개의 핀이 다시 나머지 핀들을 쓰러뜨린다. 여기서 1번 핀에 해당하는 사람들이 바로 당신과 가장 가까운 친인척들이다.

과거에 동양에서 100은 완결, 완벽을 상징하는 숫자였다. 학교 성적에서 100점 만점이라는 말이 나온 것도 그 때문이다. 그런데 최근 입소문 마케팅버즈 마케팅 때문에 100이라는 숫자가 다시금 사람들의 이목을 끌고 있다. 최소한 100명의 열렬한 지지자만 만들면 입소문을 통해 엄청난 마케팅 효과를 낼 수 있다는 것이다. 실제로 100명의 열렬한 지지자만 만들면, 세상을 바꾸고 새로운 문화도 창조할 수 있는 기틀을 마련할 수 있다.

사람의 자기 복제 과정

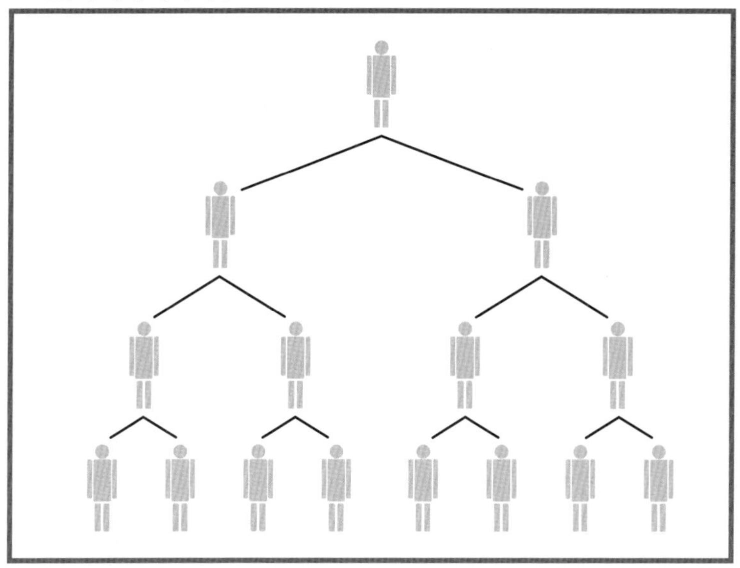

　모든 사람은 6단계만 거치면 서로 아는 사이라는 말이 있다. 그 출발점이 어디겠는가. 나와 가장 가까운 사람들, 즉 친인척들이다. 내 텃밭조차 제대로 관리하지 못하는 사람이 어떻게 남의 텃밭까지 관리할 수 있겠는가. 고객 리스트도 마찬가지다. 가장 가까운 곳에서부터 시작해 점차 그 영역을 넓혀 가야 한다.

SYSTEM

04

고객 리스트를
확장하고 보완하라

영업은 잠재고객을 만나서 충성고객으로 만들어 가는 종합예술이라고 할 수 있다. 영업을 하는 사람은, 도자기를 빚는 예술가의 마음으로 혼과 열정을 다하여 멋진 작품을 만든다는 생각을 해야 하는 이유가 여기에 있다. 그래서 영업에는 크고 작은 감동 스토리가 있다. 감동 스토리가 없는 영업이란 존재할 수가 없다.

그런데 영업의 밑바탕에는 인간적 감성이 자리 잡고 있다. 고객은 이성적 판단을 통해 상품을 구매할 것이라고 생각하지만, 실상은 전혀 그렇지 않다. 행동 경제학이나 세일즈 과학에서 다루고 있는 고객의 상품 구매 프로세스를 들여다보면, 이성적 판단보다는 감성적 자극에 의해 상품을 구매하는 비율이 훨씬 높다. 따라서 당신은 이성적 판단의 기준이 되는 상품의 정보나 스펙을 파악하는 것은 물론이고 고객의 감성을 자극할 수 있는 기법의 훈련도 게을리해서는 안 된다.

수년 전 이화여자대학교 졸업생들에게 최고의 배우자감에 대한 설문 조사를 실시한 적이 있었다. 그 결과는 어떻게 나왔을까? 당신은 어떤 배우자감이 1위를 차지했다고 생각하는가? 예상 외로 성공한 영업인이 배우자감 1위를 차지했다고 한다. 성공한 영업인은 이해심과 유머, 배려심, 인내심, 리더십 등 감성적 역량이 탁월할 뿐만 아니라 시간적·경제적 자유도 많기 때문이라는 것이 선택의 이유였다고 한다.

우리나라도 이제는 산업화 시대를 넘어 정보화 시대로 접어든지 어언 10년이 넘었다. 기업 간 경쟁도 이제는 국경을 넘어 무한 경쟁으로 치달은 지 이미 오래다. 산업화 시대 초기에는 상품을 만들기만 하면 팔렸다. 지금은 어떤가? 고객들에게 니즈를 제공하지 않으면 팔 수 없는 시대가 되었다. 그래서 기업들은 고객들의 선택을 받기 위해 스토리가 있는 디자인 등을 통해 감성을 자극하는 것이다.

영업인들에게 고객 리스트란 겨자나무의 씨앗과 같다. 성경에 나오는 겨자나무 씨앗은 사실 눈에 보이지 않을 정도로 작다. 그런데 그 작은 씨앗이 땅에 떨어지면 어떻게 되는가? 지구상에서 가장 큰 나무로 자라 울창한 숲을 이루고, 많은 새들과 나그네들이 휴식을 취하고 가는 쉼터가 된다.

고객 리스트도 마찬가지다. 고객 리스트는 수천 명의 가망고객들을 발굴하는 도화선이자 시작점이다. 눈에 보이지 않을 정도로 작은 겨자

나무 씨앗이 울창한 숲을 만들듯이, 한 명의 고객 리스트는 수많은 고객을 발굴하고 상품을 팔고 리쿠르팅을 하는 출발점이 된다. 고객 리스트 한 명 한 명을 소중히 여겨야 하는 이유다.

한 가지 더 명심할 점은 고객 리스트를 한 번 만들었다고 해서 그것으로 끝내서는 안 된다는 것이다. 이후로도 계속해서 고객 리스트를 확장하고 보완해 가야 한다. 과거형이 아니라 현재 진행형으로 말이다. 세상은 시시때때로 변하고 정보도 계속해서 바뀐다.

고객 리스트도 마찬가지다. 당신은 고객 리스트를 끊임없이 보완하고 수정해야 한다. 새로운 사람을 만나면 무조건 고객 리스트에 적어 놓고, 이미 적어 놓은 사람이라면 새로 얻은 정보를 지속적으로 추가해 고객 리스트를 새롭고 풍성한 정보로 채워야 한다.

최근 금융권에서 발생한 고객 정보 유출 사건이나 고객 정보 매매와 같은 문제도 정보화 사회에서 고객 리스트를 얻기 위한 필연적 현상이라고 할 수 있다. 우리 사회는 이미 정보가 돈이 되는 시대로 접어들었다. 그러나 정보란 한 번 작성하면 영원히 써먹는 영원불멸의 진리가 아니다. 계속해서 바뀌고 끊임없이 진화한다. 하물며 고객의 니즈만 해도 오늘과 내일이 다르지 않는가.

그런데 한 번 작성했다고 해서 손을 뗀다는 것은 말이 안 된다. 그렇게 되면 당신이 가진 고객 리스트는 어느 순간 휴지통에 들어가는 운명에 처할 수밖에 없다. 고객 리스트 한 명 한 명의 인적 지도는 당신에게 큰 나무의 밑동이 된다. 당신은 지금까지 관계해 온 모든 사람들을 통해 당신의 가망고객을 넓혀야 한다. 그러기 위해서는 고객 리스트를 항상 최신의, 현재 진행형으로 만들어야 한다.

SYSTEM
05

고객 리스트를 적는 방법과
우선순위 정하기

고객 리스트를 만들기로 마음먹었다면, 당신은 이제 그것을 적는 방법에 대해 고민할 단계다. 그리고 이를 토대로 해서 고객과 본격적으로 접촉해야 한다.

먼저 고객 리스트를 적는 방법에 대해 알아보자. 다음의 표는 필자가 주로 사용하는 것으로, 여기에 사는 곳, 가족 수, 취미, 관심사 등 당신이 필요로 하는 세부적인 것들을 추가하면 더욱 좋다. 세부적인 것을 추가하는 것에 대한 판단은 당신의 몫으로, 많을수록 고객에 대해 더 많은 것을 알 수 있다.

다음에서 각각의 1~5라는 숫자는 만남의 우선순위를 결정하기 위한 기준으로, 5점 만점이다.

순번	이름	친밀도	재력	연령	거리	성격	합계
1	홍길동(4)	5	3	2	1	1	12
2	성춘향(2)	4	4	3	5	1	17
3	변사또(3)	1	5	2	5	1	14
4	이몽룡(1)	5	5	5	5	5	25
5							
6							

점수를 매기는 기준은 다음과 같다.

친밀도	⑤최상	④상	③보통	②하	①최하
재력	⑤최상	④상	③보통	②하	①최하
연령	⑤30대	④40대	③50대	②20대	①60대
거리	⑤20Km	④40Km	③60Km	②80Km	①100Km
성격	⑤아주 좋음	④좋음	③보통	②소극적	①부정적

이와 같이 고객 리스트를 정성스럽게 작성한 후 점수를 매겼다면, 당신은 가장 높은 점수에서부터 초청 순서를 정해야 한다. 점수가 높다는 것은 당신의 영업의 효율성에 비례하여 고객이 될 확률이 높다는 것을 의미한다. 하지만 그보다 먼저 해야 할 것이 있다. 주변의 지인들에게 당신이 영업을 한다는 것을 알리는 것이다.

그러나 많은 영업인들이 친한 사람에게는 절대 영업을 하지 않겠다고 말한다. 그 이유는 크게 두 가지다. 첫 번째는 부담을 준다는 이유 때문이고, 두 번째는 자존심이 상한다는 이유 때문이다. 필자는 영업 초기에 이를 아주 자랑스럽고 당당하게 말하는 영업인들을 많이 보았다. 그들에게 "그렇다면 영업을 어디서, 어떻게 할 것이냐?"라고 물으면 대개 "개척을 하겠습니다."라고 말했다.

개척, 정말 바람직한 영업 방법이다. 당신이 슬럼프에 빠지지 않고 롱런을 하기 위해 반드시 취해야 하는 고객 발굴 방법이기도 하나. 그러나 준비되지 않은 개척은 독약이나 다름없다. 개척은 모든 영업인들에게 필요한 것이지만, 충분한 상품 지식과 정립된 마인드가 없는 초기에는 피하는 것이 좋다.

그렇다고 해서 친인척이나 가까운 사람에게 무작정 찾아가 부담을 주라는 말은 아니다. 자신이 하고 있는 영업의 특징과 취급하는 상품 정도만 가볍게 알려 주고, 상품이 필요하다고 생각된다면 상담을 받아 보라고 권유하는 정도가 좋다. 그것조차 부담된다면 당신이 영업을 하게 된 동기를 자신 있고 진실하게 말하는 것도 한 가지 방법이다.

이때 정말 중요한 것이 있다. 당신이 긍정적으로 변해 가고 열심히 살아가며 선택한 일을 성실히 수행하는 모습을 보여 주어야 한다는 것이다. 그들은 어느 누구보다도 가깝고, 어느 누구보다도 당신을 사랑한다. 그들은 관심을 가지고, 당신을 유심히 지켜보고 있을 것이다. 그리고 당신이 그 일을 열심히 해 나간다면 꿈을 이루도록 곁에서 도와주는 최고의 지원자가 될 것이다.

그러니 그들을 너무 멀리하거나 두려워하지 마라. 그들을 당신의 고객으로 만드는 데는 시간과 변화가 필요할 뿐이다. 그리고 누구를 만나더라도 두려워하지 말고 자신 있게 말하라. 당신의 고객 리스트는 분명히 당신이 상상하는 꿈의 크기만큼 커질 것이다.

실행이 답이다, 고객과 접촉하라

1. 고객과 사전 약속을 정하라 | 2. 전화로 사전 약속 잡는 법 | 3. 약속 장소를 정하는 요령 | 4. 복장 및 좌석을 선택하는 요령 | 5. 편지를 활용하는 법 | 6. 이메일 및 스마트폰을 활용하는 법

고객과 사전 약속을 정하라

지금까지 당신은 많은 사람들과 함께 꿈을 공유해야만 자신이 성공할 수 있다는 것을 깨달았을 것이다. 사실 상품을 잘 파는 것은 아마추어 영업, 근시적인 영업, 자신만을 위한 영업이라고 할 수 있다. 이런 영업은 매일매일 열심히 일해야 먹을 것을 구할 수 있는 개미형 영업이라 할 수 있다.

그런데 당신이 이렇게 매일매일 많은 노력을 기울였는데도 계약이 이루어지지 않는 경우도 있게 마련이다. 계약이 없으면 당연히 수입이 줄고, 수입이 줄면 자연스레 영업을 그만두거나 포기할 수밖에 없다. 그렇다고 해서 상품을 파는 영업이 필요 없다는 말은 물론 아니다.

그렇다면 어떤 영업을 해야 할까? 상품을 파는 것은 물론 상품의 가치와 미래의 꿈도 함께 팔아야 한다. 상품의 가치와 미래의 꿈을 파는 영업을 '개미형 영업'에 빗댄다면, 함께 성공을 꿈꾸는 사람을 찾는 영업은 '거미형 영업'이라고 할 수 있다. 거미형 영업이란 거미처럼 거미줄만 쳐 놓으면 며칠을 쉬어도 소득이 발생하는 영업을 말한다.

따라서 당신은 어느 한쪽에 치우치는 것이 아니라 개미형 영업(상품판매)과 거미형 영업(리쿠르팅)이 적절히 조화를 이루는 영업을 해야 한다. 물론 초기의 당당하고 올바른 상품 판매는 리쿠르팅으로 이어지는 경우가 많기 때문에 기본적으로는 그 부분에 최선을 다해야 한다.

앞에서 당신은 고객 리스트를 작성하는 법까지 배웠다. 이제는 고객 리스트를 기반으로 해서 전화나 편지로 고객과 사전 약속을 잡아야 하는 단계에 접어들었다. 이때는 만날 약속을 정하는 것이니만큼 고객의 호기심을 자극하여 약속을 잡는 데에만 목적을 두어야 한다. 성격이 급한 영업인이나 성과에 치중하는 영업인의 경우, 당장 눈앞에서 과도하게 진도를 나가는 경우가 있는데, 이것은 매우 위험한 행동이다.

다시 한 번 말하지만, 이 단계에서는 욕심을 내려놓고 단순히 약속을 잡는 데만 목적을 두어야 한다. 고객이 적극적으로 응대하거나 상품이나 회사에 대해 이것저것 묻는다고 해서 성급하게 모든 것을 말해버리면 고객의 호기심 유발은 물론이고 만날 이유조차 없어진다. 그뿐만이 아니다. 고객이 전화를 건 당신에게 온갖 부정적인 말을 늘어놓을 수도 있다. 쉽게 끓는 냄비가 쉽게 식는다는 것을 절대 잊지 마라.

만약 당신이 성급하게 모든 것을 말한 후, 고객이 온갖 부정적인 말을 늘어놓으면 어떻게 될까? 당신은 상품을 팔기 위해 고객의 말을 자르거나 부정하거나 맞다고 수긍할 수밖에 없다. 당신이 말을 자르거나 부정하면, 고객은 기분이 상해 당신을 만나려 하지 않을 수도 있다. 반면에 고객의 부정적인 말에 무턱대고 수긍해 주다 보면, 당신은 그나마 가지고 있던 꿈까지도 잃어 버릴 수 있다.

이런 경우 당신 스스로가 자신감으로 무장되어 있지 않다고 판단된다면, 당신은 우선 상품과 자신에 대해 확신을 가지는 것이 무엇보다 중요하다. 어쨌든 고객의 말을 자르거나 부정하거나 무턱대고 수긍하는 것은 사전 약속을 잡는 데에 그리 좋은 방법이 아니다. 잘해 봤자 본전이다.

옛말에 남대문에 가 보지 않은 사람이 가 본 사람보다 더 잘 안다는 말이 있다. 최근 고객들은 정보 수집의 달인이라고 해도 결코 과언이 아니다. 고객들은 여기저기서 주워들은 정보를 혼자서 판단하고 걸러 내 마치 사실인 양 말하기도 한다. 따라서 그들의 부정적인 말에 민감하게 대응할 필요가 없다.

당신은 욕심을 버리고 단지 사전 약속을 정하는 선에서 일단 만족해야 한다. 과도한 욕심은 화를 부르는 법이다. 밥은 99도의 물에서 절대 지어지지 않는다. 차근차근 한 단계씩 오를 때 영업은 비로소 의미가 있는 것이다.

전화로 사전 약속 잡는 법

고객과 사전 약속을 잡는 데에 가장 많이 활용되는 수단은 뭐니 뭐니 해도 전화 통화다. 다시 한 번 강조하지만, 이때는 전화로 당신의 사업이나 상품을 소개하는 것이 아니라, 만날 약속 시간과 장소만 정하면 된다.

그렇다면 어떤 방법으로 사전 약속을 잡아야 할까? 다음의 통화 요령을 참고하면 좋다.

• 상대방의 예상 질문을 적어서 연습한 후에 전화를 걸어라.

연습은 필요의 어머니다. 통화 전에 실전처럼 미리 연습을 한 후 통화를 한다면 훨씬 편하고 여유롭게 통화를 할 수 있다.

• 인사말을 먼저 건넨 후 통화가 가능한 시간을 물어보라.

상대방이 만약 10분 정도 통화가 가능하다면, 하고 싶은 말을 하면 된다. 만약 당장 통화가 불가능하다면, 다음에 연락을 드리겠다는 말과 함께 인사를 드린 후에 전화를 끊는다. 통화가 가능한 시간을 물어보는 이유는, 무엇보다도 상대방의 통화 차단을 막기 위함이다.

• 상대방에게 당신이 비전 있는 새로운 일을 시작했다는 것을 언급하라.

대신 직장명, 직업 유형, 상품 종류 등 호기심 유발에 방해가 되는 것은 말하는 것을 금한다.

• 상대방의 질문에 가능한 한 즉답을 피하고, 만나서 이야기하자고 하라.

궁금하다며 여러 가지를 묻는다고 해서 냉큼 말하지 마라. 일단 만나자고 해서 약속 시간과 장소를 정하는 것이 중요하다. 답을 하다 보면 생각지도 않았던 곳까지 진행될 수도 있다. 오로지 만나는 것에 목적을 둬라.

• 상대방이 본론만 말하라고 하면, 다음에 다시 이야기하자고 한 후에 통화를 끝내라.

당신은 항상 바쁘다는 인상을 가지도록 명쾌하고 간략하게 통화를 끝내야 한다. 이 상황에서도 여전히 상대방에게 호기심을 유발하는 것은 매우 중요하다. 그래야 다음번에 만날 수 있다.

• 최대한 호기심을 유발한 후 약속을 정하라.

대신 약속 날짜는 너무 멀리 잡기보다는 일주일 내에 만날 수 있도록 한다. 약속 날짜는 빠르면 빠를수록 좋다. 예를 들어, 월요일 오전에 통화를 한다면, 화요일 오전 11시 10분은 어떠시냐고 물어보고 약속을 정한다.

• 약속 날짜를 정할 때는 상대에게 주도권을 빼앗기지 말고 본인의 스케줄에 따라 만나라.

이때 10분 단위로 약속을 잡는 것은 매우 중요하다. 상대방에게 당신이 시간에 맞춰 바쁘게 움직인다는 인식을 심어 주기 때문이다.

• 당신이 제안한 시간에 약속을 정할 수 없다면 상대방에게 희망 시간을 말하게 하라.

이때 상대방이 제안한 시간에 약속이 가능하더라도 즉답은 피해야 한다. 그럴 경우 상대방은 당신을 한가한 사람으로 여길 수도 있다. 상대방에게 당신이 바쁘게 생활한다는 인식을 심어 줄 필요가 있다. 당신이 바쁜 스케줄을 철저히 관리하고 있다는 인상을 남기면서 약속 시간을 흥정하듯 정하는 것이 좋다.

• 시간을 대충 정하는 것은 피하라.

가령 "1시에서 1시 30분경 만나시죠."와 같이 정하는 것은 좋지 않다. 약속 시간을 정할 때는 의도적으로 '1시 10분경' 혹은 '2시 40분경'과 같이 10분 단위로 정하는 것이 바람직하다. 조금 지나치다고 여길 수도 있겠지만, 필자는 일 분 단위로까지 약속을 정한 적도 있다. 그렇게 하면 상대방은 당신이 약속을 잘 지키는 사람이라 생각할 것이며, 상대방도 약속 시간을 최대한 지키려고 노력할 것이다.

- 약속을 정하고 나서 전화를 끊을 때는 장소와 약속을 다시 한 번 상기시켜라.

만약 부득이하게 약속을 지키지 못할 경우에는 하루 전에 미리 연락해 줄 것을 부탁한다.

- 사전 확인을 하지 말고 약속 시간을 지켜 약속 장소에 나가라.

혹시나 약속 시간을 지키지 않으면 어쩌나 하는 조바심에, 하루 전에 장소와 시간을 한 번 더 확인하고 싶겠지만 가능한 한 그렇게 하지 마라. 만약 그 시간에 아무런 연락도 없이 나오지 않는다면, 다음 번 약속에서 당신은 유리한 고지를 차지한 것이다. 상대방이 미안해할 것이기 때문이다. 그러면 당신은 다음 약속에서 보다 많은 기회를 잡을 수 있다. 절대 서두르거나 초조해하지 마라.

- 약속 시간이 되었는데도 상대방이 장소에 나타나지 않으면, 5~10분 후에 통화하거나 문자를 보내서 다른 약속 때문에 이동해야 한다고 당당히 말하라.

그것은 상대방을 미안하게 만든다. 10분 이상 기다려서 만나는 것은 사실 별로 좋은 상황이 아니다. 그럴 경우에는 다음에 만나자고 약속하고, 다시 약속 시간과 장소를 정한 뒤 일정에 따라 움직이면 된다.

그렇게 되면 상대는 미안해서 다음번 약속은 반드시 지키려고 할 것이다. 첫 번째 약속에서 고객의 사정으로 만나지 못하는 경우, 오히려 장기적인 영업에서는 도움이 될 수 있다.

SYSTEM

03

약속 장소를 정하는 요령

당신은 앞에서 전화를 걸어 상대방의 호기심을 유발한 후 약속 시간을 정하는 법에 대해 배웠다. 그렇다면 약속 장소는 어떻게 정해야 할까?

이때에도 당신이 주도권을 가져야 한다. 당신이 자신의 일에 당당한 모습을 보이는 것은 상대방에게 호감을 준다. 대부분의 사람들이 그렇듯이 고객도 자신감으로 충만한 영업인을 만나기를 원한다. 자신감은 자석의 자기장처럼 눈에 보이지는 않지만 주변 사람들에게 보이지 않는 인력(引力), 즉 끌어당김의 법칙을 불러온다.

그렇다면 약속 장소를 정할 때는 어떤 곳을 선택하는 것이 좋을까?

• 첫째, 조용한 곳을 선택하라.

주위가 시끄러우면 상대방이 집중할 수가 없고, 당신이 하고자 하는 말을 상대방에게 완벽히 전달할 수가 없다. 특히 아이들이 있는 집이나 번잡한 사무실에서 만나는 것은 절대 금해야 한다. 그런 곳에서 만날 경우, 뛰노는 아이들이나 걸려오는 전화, 드나드는 직원들에게 신경이 분산되어 당신의 말을 귓전으로 들을 가능성이 높다. 만약 어쩔 수 없이 가정이나 사무실에서 만나야 한다면 텔레비전을 끄고, 소파나 응접실은 가급적 피하며, 가정에서는 식탁에서, 사무실에서는 회의 책상에서 이야기를 나누는 것이 좋다.

• 둘째, 밝은 곳을 선택하라.

사람은 환경의 지배를 받는 동물이다. 그래서일까? 사람들은 밝은 곳에서 만난 상대방에게는 심리학적으로 긍정적인 생각과 인식을 가진다고 한다. 따라서 당신은 상대방에게 긍정적인 생각과 인식을 줄 수 있도록 밝은 곳에서 만날 필요가 있다.

• 셋째, 가격이 부담이 되지 않는 곳을 선택하라.

만나기로 했다면 가능한 한 찻값을 상대방이 내게끔 하는 것이 좋다. 좋은 정보를 제공하는 사람이 당신이니만큼 당당하게 찻값을 상대방이 내도록 해야 한다. 이때는 돈이 없어서 상대방에게 내도록 한다는 오해를 받지 않게 해야 한다. 이런 경우 다음번에는 식사를 대접하겠다면서 처음 찻값은 상대방에게 내도록 하는 것도 좋다. 상대방이 상품이나 리쿠르팅에 대한 제안을 받아들이려면 어차피 몇 번은 만나야 하지 않겠는가.

- 넷째, 분위기 있는 장소를 선택하라.

필요하다면 강이나 바다가 보이는 곳, 경치가 좋은 카페를 선택해야 한다. 특히 상대방의 꿈에 대한 니즈를 환기시킬 때에는 좋은 분위기를 활용하는 것도 큰 도움이 된다.

- 다섯째, 이동거리가 가까운 장소를 선택하라.

당신과 상대방의 집이나 직장의 중간 정도라면 좋다. 자신의 편의대로 상대방을 오라는 것은 예의가 아니고, 상대방이 있는 곳으로 무조건 가는 것은 당당하게 정보를 전달한다는 태도와는 동떨어지기 때문이다.

어쨌든 당신은 이 만남이 상대방과의 첫 만남이지, 마지막 만남이 아님을 염두에 두고 장소를 선택해야 한다. 가벼운 차 한 잔 정도로 상대방의 니즈를 환기하고 정보를 수집하는 것이 목적이다. 따라서 첫 만남에서 모든 것을 결정하려고 해서는 안 된다. 옛말에 급히 먹는 밥은 탈이 나는 법이라고 했다. 하물며 찬물도 씹어서 먹으라고 하지 않던가. 서두르는 것은 상대방에게 당신의 불안감과 불확실성을 보여 주는 것이다. 급할수록 돌아가야 한다.

당신이 자신의 표정과 행동에서 조급한 모습을 보이면 실패는 불을 보듯 뻔하다. 상대에게 확신을 주지 못한다면 지속적인 만남을 이어 갈 수 없다. 오늘의 만남은 시작이지 끝이 아니다. 자동차에서 브레이 크는 일정한 속도를 내고 멈추는 데에 도움을 주는 장치다. 당신도 마 찬가지다. 지속적인 만남과 일정한 성과를 위해 당신도 적절히 브레이 크를 활용해야 한다.

복장 및 좌석을 선택하는 요령

당신은 앞에서 자신의 꿈을 이루려면 혼자서는 불가능하다는 것, 즉 다른 사람과 함께해야만 성공할 수 있다는 것을 배웠다. 그러기 위해서 당신은 먼저 그들의 꿈을 충족시켜 주어야 한다.

앞에서 어렵게 만날 시간과 장소를 정했다면, 이제 어떤 복장으로 만날지 고민이 될 것이다. 복장을 비롯해 당신의 자세는 비즈니스의 모든 것을 좌우한다고 해도 결코 과언이 아니다.

알파벳 A~Z까지를 각각 숫자 1~26이라는 고유 번호로 매겼을 때, 100이 되는 단어가 딱 하나 있다. 자세, 즉 'Attitude' (1+20+20+9+20+21+4+5=100)다. 자세는 그만큼 비즈니스에서 중요한 의미를 지닌다.

자세에는 물론 여러 가지가 포함된다. 그러나 첫 만남에서 상대방에게 판단 기준이 되고 호감을 불러오는 데 가장 영향을 끼치는 것은 뭐니 뭐니 해도 외모다.

그렇다면 당신은 외모를 어떻게 가꾸고, 꾸며야 할까?

무엇보다도 깔끔하면서도 정결하고 절도 있는 복장이 우선이다. 여성이라면 너무 화려하지 않은 메이크업과 헤어스타일, 밝은 색 계열이나 감색 계열의 투피스가 적당하다. 남성이라면 짙은 청색이나 검정 계열의 양복에 단색 와이셔츠와 밝은 색이나 붉은색 계열의 넥타이가 적당하다. 신발은 남녀 모두 정장에 어울리는 구두가 좋은데, 특히 남성은 끈을 매는 검정 계열의 구두가 적합하다. 이때 깨끗하게 닦인 구두는 상대방에게 좋은 인상을 준다.

퇴근 후에 가까운 사람이나 친한 사람이라고 해서 집에서 입는 옷이나 화장을 하지 않은 맨얼굴로 고객을 만나는 사람들도 의외로 많다. 하지만 그것은 예의가 아니다. 만약 어쩔 수 없는 상황에서 우연히 부딪힌 것이라면 가볍게 인사만 건넨 후, 본격적인 이야기는 나중으로 미루는 것이 좋다.

외모와 더불어 상대방에게 호감을 불러오는 것으로는 얼굴 표정이 있다. "웃는 얼굴에 침 못 뱉는다."라는 말이 있듯이 밝은 미소는 상대에게 긍정적인 이미지를 심어 주는 최고의 무기가 된다. 미소는 잘생겼든 못생겼든 간에 당신의 인상을 환하게 바꾸고, 상대방을 기분 좋게 한다. 이처럼 미소는 돈 한 푼 안 들이고 상대방의 호감을 살 수 있는 최고의 도구인 것이다.

자, 이제 약속 장소에서 유념해야 할 것을 알아볼 차례다.

- 첫째, 약속 장소에 도착하면 당신이 가장 먼저 들러야 할 곳이 있다. 바로 화
  장실이다.

간단히 용무를 본 다음, 거울을 보며 복장과 구강 상태를 확인하고
나서 일 분 정도 활짝 미소를 짓고 구강 운동을 하면서 자신감을 북돋
울 필요가 있다. '나는 오늘 좋은 정보를 상대방에게 알려 주기 위해 이
곳에 왔다.'와 같은 말로 자기암시를 하는 것도 좋은 방법이다.

- 둘째, 가능한 한 상대보다 약속 시간 10분 전에는 먼저 도착해야 한다.

상대방보다 늦은 시간에 약속 장소에 나오는 것은 빚을 지는 것과
같다. 10분 정도 일찍 도착해 적당한 자리를 선택한 후, 앉아서 가벼운
책을 보며 기다리고 있어야 한다. 늦게 나오면 그럴 기회를 놓치게 된
다.

- 셋째, 약속 장소에 먼저 도착해 자리를 잡을 때는 출입문을 바라보는 자리를
  선택해야 한다.

약속 장소로 들어오는 상대방을 쉽게 발견할 수 있고, 상대방도 당
신을 쉽게 찾을 수 있도록 말이다.

- 넷째, 텔레비전 소리나 시끄러운 음악이 들리는 쪽은 피해야 한다.

앞에서도 언급했지만 시끄러운 곳에서는 상대방이 당신의 말에 집중할 수가 없기 때문이다.

- 다섯째, 상대방이 출입문을 등지고 벽을 볼 수 있는 자리에 앉도록 유도해야 한다.

상대방이 출입문을 향해 앉으면 주위가 산만해질 뿐만 아니라 아는 사람이 들어올 경우 대화가 중단될 수 있다.

이렇게 하기 위해서는 반드시 상대방보다 10분 정도 일찍 나와서 자리를 잡고 여유 있게 기다리는 것이 중요하다. 그리고 무엇보다도 1:1로 만나야 한다. 상대방이 당신과 사전 약속 없이 누군가를 데려오는 경우에는 본론을 삼가고, 니즈 환기와 경청에 목적을 두는 것이 좋다. 필자의 경험으로 보았을 때 상대방이 누군가를 데려왔을 경우에는 십중팔구 만남의 목적을 달성할 수 없었다.

그리고 첫 만남에서는 마주 보는 것이 좋지만, 두세 번쯤 만나 상품을 소개하거나 리쿠르팅을 제안할 때에는 둘 다 출입문을 등진 채로 상대방을 오른쪽에 앉도록 유도하는 것이 좋다. 이렇게 앉으면 상대방이 집중하는 데 도움이 되기 때문이다. 실제로 상대방이 오른쪽에 앉았을 경우에 친근감이나 정보를 소개하는 기술이 향상된다는 연구 결과도 있다.

편지를 활용하는 법

전화로 약속을 잡기가 어색하거나 까다로운 사람인 경우에는 편지로 약속을 잡는 것도 좋은 방법일 수 있다. 정보화 시대에 접어들어 정보의 전달 속도는 급격히 빨라졌다. 그에 반해 감성적 접근은 그만큼 어려워진 것이 사실이다.

예전에 편지를 주고받았던 시절의 향수를 당신도 간직하고 있을 것이다. 편지는 전화와 달리 상대방에게 가슴속 설렘을 주고, 몇 번의 수정이 가능하며, 전화 통화나 방문 시 하지 못한 이야기나 보충 설명을 할 수 있는 장점이 있다. 뿐만 아니라 자신의 생각을 감성을 실어 상대방에게 전달할 수도 있다. 실제로 필자도 감성적인 편지를 통해 고액 계약의 길을 연 적이 있다. 그만큼 편지는 고객의 마음을 여는 데 강력한 힘을 발휘한다.

필자의 경우에는 회사 봉투보다는 문구점에 들러 예쁜 것을 구입해서 사용한다. 회사 봉투를 사용하면, 기업 대표나 VIP 고객의 경우에 총무부나 비서실의 1차 선별에서 걸러질 수 있다. 비용을 들이고 열심히 편지를 썼는데, 도착조차 되지 않는다면 그야말로 헛수고가 되기 때문이다.

그리고 필자는 등기우편을 사용하기도 한다. 이때 친전이라고 표기함으로써 당사자가 직접 받도록 조치를 취한다. 또한 봉투에는 회사 이름과 주소를 적는 대신 집 주소를 적는다. 그리고 직함을 빼고 그냥 이름만 적는다. 그러면 대체로 편지를 받을 당사자가 수령하게 된다.

필자는 5년 전 A 생명보험 회사를 다닐 때, 편지를 활용해 월납 530만 원짜리 계약을 체결한 적이 있다. 다음은 당시의 이야기다.

그 당시 필자는 포항에 있는 법인 대표들의 리스트를 어렵사리 구할 수 있었다. 그것을 토대로 무작정 찾아간다 해도 비서실에서 제지당할 것이고, 극히 낮은 확률로 만난다고 해도 다음 만남으로 이어지기 어렵다는 판단에 많은 고민을 했다. 고민 끝에 시간을 갖고 전략적으로 접근하자고 결론을 내렸다.

필자는 먼저 그중 12명을 선정해 3개월간 경제 주간지인 「이코노미스트」와 자필 편지를 우편으로 보냈다. 그 3개월간은 편지 외에는 아무런 후속 작업도 하지 않았다. 그리고 3개월이 지난 후 회사로 직접 찾아갔다. 그러자 회사 여직원이 대표님과 약속이 되어 있지 않으면 만날 수 없다고 제지했다.

그래서 필자는 여직원에게 대표님께 매달 「이코노미스트」를 보낸 장본인이라고 소개했다. 여직원도 그제서야 매달 「이코노미스트」를 전달했던 기억을 떠올리며 아는 체를 했다. 다시 한 번 여직원에게 대표님과 면담할 수 있도록 해 달라고 요청했다. 그러자 여직원이 대표이사실의 문을 열고 "매달 대표님께 이코노미스트를 보내신 분이 뵙고 싶다고 찾아왔습니다." 라고 하는 것이 아닌가.

이런 식으로 부재중인 5분을 제외하고 7분을 만날 수 있었다. 그중에서 4명은 계속 정보를 전달하거나 만남을 이어 갔다. 그리고 그 가운데 크고 작은 계약을 체결할 수 있었다. 그중에서 D 정보통신의 J 대표님은 월납 530만 원짜리 'CEO 퇴직플랜'에 가입했다. 그분은 처음 만나는 필자에게 매우 호감을 보였다. 그분은 필자와 함께 차를 마시며 편지 내용이 좋아서 직원들의 정신교육에 활용했다면서 편지만 보고도 필자가 적극적이고 긍정적인 사람이라는 것을 알 수 있었다고 덧붙였다. 그 후 세 번 만에 필자는 J 대표님의 고민인 퇴직 후 삶에 대한 재무 컨설팅으로 'CEO 퇴직플랜' 계약을 체결할 수 있었다.

이처럼 편지를 활용한 영업 효과는 무궁무진하면서도 강력하다. 이런 결과로 인한 자신감 때문에 필자는 여전히 편지를 활용해 신규 고객을 발굴하거나 기존 고객을 관리하고 있다. 매일 다른 사람보다 30분 일찍 출근하거나 늦게 퇴근하면서 기억에 남는 고객이나 장기적인 투자가 필요한 고객, 우량고객이나 가망고객에게 2~3통씩 정기적인 편지를 통해 직접 만나서 할 수 없는 이야기를 전하고 있다.

그렇다면 편지는 어떻게 보내는 것이 좋을까? 다음의 것들을 기억하고 활용하기 바란다.

• 편지 발송 후 반드시 1~2주 내에 문안 전화를 한다.

편지를 잘 받았는지 직접적으로 물어보거나 상대가 잘 받았다고 말하도록 대답을 유도한다. 그리고 빠른 시간 내에 만나자는 약속을 받아내야 한다.

• 편지 발송 후 한 달 내에 정성이 담긴 선물을 갖고 방문한다.

이렇게 고객에게 정성을 들인다는 것을 보여 주어야 좋은 결과를 얻어낼 수 있다.

• 장기적으로 생각하고 조급해하지 마라.

서로 간에 친근감이 형성되기 전에는 상품 설명에 관한 안내서를 보내서는 안 된다.

• 편지는 가능한 한 자필로 써라.

자필로 쓴 편지는 인쇄한 것보다 몇 배의 효과를 가져온다.

• 내용은 A4 한 장 정도로 함축하라.

이때 칭찬과 함께 재무설계사가 필요한 존재라는 것을 반복해서 인식시킨다. 그리고 불러주면 찾아뵙겠다고 반드시 적는다.

다음은 필자가 보낸 편지 중 하나다. 많은 CEO와 대다수의 고객들은 다수의 영업인들이 처음 약속과 나중이 너무나 다르다는 것을 알고는 모두를 부정하는 경우가 많았다. 이 편지에서는 이러한 점을 이해시키고, 필자는 다르다는 것을 알리는 내용을 담았다.

소중하고 존경하는 ○○○ 대표님!

올해는 어느 때보다도 추운 겨울이었습니다. 그러나 날씨가 추우면 다가올 농사가 풍년이라는 말이 있습니다. 모든 동식물은 적당히 추위를 겪어야 면역력도 향상됩니다. 특히 추위를 이겨 낸 과실수들은 꽃눈이 튼튼해져서 다음 해에 더욱 탐스러운 꽃과 열매를 맺는다고 합니다. 이처럼 겨울의 추위는 시련이기도 하지만, 감사한 일이기도 한 것입니다.

소중한 ○○○ 대표님!

대표님께서는 아름다운 꽃을 피우려면 씨앗을 심는 것 외에도 많은 일을 해야 한다는 것을 알고 계실 것입니다. 땅이 마르면 물을 주고, 병에 걸리면 약을 뿌려 보호해 줘야 합니다. 많은 재무상담사들은 대표님께서 투자의 씨앗을 땅에 심기를 원하고 있을 것입니다. 그러나 투자라는 씨앗도 심은 후에 무엇을 어떻게 해야 하는지가 중요합니다. 제가 소중한 대표님과 함께하기를 원하는 이유가 바로 여기에 있습니다. 저는 대표님께서 과거에 알고 계신 분들과는 다르다는 것을 알려 드리며, 대표님이 희망하시는 모든 기대에 부응하는 서비스를 제공해 드릴 것을 약속합니다.

다시 한 번 대표님과 가족 그리고 운영하시는 ○○ 기업의 무궁한 발전을 기원합니다. 대표님께서 꼭 불러 주실 것을 믿으며 두서없는 글을 마칠까 합니다.

감사합니다.

- ○○ 생명 임종익 팀장 드림 -

이와 같이 당신은 다른 영업인과 다르다는 것을 간접적인 비유로 전하여 믿음의 기초를 쌓아야 한다. 그러고 나면 필자는 다음과 같은 테마로 편지를 더 보낸 후에 방문을 한다.

1. 장기 투자
2. 투자 원칙
3. 인플레이션
4. 삶의 원칙
5. 비이성적인 투자
6. 재무 상담사는 왜 필요한가
7. 투자 위험과 수익
8. 연금

물론 이러한 주제는 당신이 공부하고 정리해야 할 충분한 이유가 있는 것이기도 하다.

SYSTEM

06

이메일 및 스마트폰을
활용하는 법

날로 급변하는 정보화 시대에 문명의 이기는 무한한 변화와 발전을 거듭하고 있다. 드라마 〈응답하라, 1994〉가 최근 성황리에 종영했다. 이 드라마가 많은 인기를 끌며 방송을 마칠 수 있었던 것은 40대에 접어든 많은 사람들이 마치 자신의 이야기를 보는 것 같다며 열광적인 환호를 보냈기 때문이다. 이 드라마에 등장했던 소품들 중에 초기에 등장한 PC와 삐삐(영어로는 beeper), 시티폰을 당신은 눈여겨볼 필요가 있다.

PC의 경우에는 지금까지도 사용되고는 있지만, 태블릿 PC의 공략에 고전을 면치 못하고 있다. 게다가 삐삐와 시티폰은 휴대전화로 완전히 대체된 지 이미 오래다. 우리가 공상과학 영화나 미래를 다룬 판타지 영화에서 오래전에 보아 왔던 것들이 이제는 현실화되었거나 현실화를 앞두고 있다.

그리고 최근 급격히 진화를 거듭하고 있는 문명의 이기들은 단지 정보를 파악하는 것을 넘어 고객을 관리하고 정보를 전달하는 데 편리함을 제공할 뿐만 아니라, 무궁무진한 소통의 장까지도 마련해 주고 있다. 하물며 통계청에서 발표한 자료를 보면, 온 국민이 1인당 1개의 핸드폰을 가지고 있다고 한다.

당신은 영업의 패러다임 변화뿐 아니라 도구에 따른 접근 방법의 변화도 꾀해야 한다. 당신은 이러한 문명의 이기들을 최대한 활용해 고객과 더 많이 소통하고, 고객이 친밀감을 갖도록 아이디어를 창출해야 한다. 그러면 분명히 당신의 영업 성과에 좋은 영향을 미칠 것이라고 확신한다.

가령 필자의 경우에는 먼저 개척고객이나 소개고객을 만나 명함을 받으면 'cam card'라는 어플리케이션을 활용해 명함을 정리한다. 그리고 그날 저녁 바로 문자나 '카카오톡', 이메일로 메시지를 보낸다. 그러면 대부분의 고객들은 이런 적극적인 행동에 긍정적인 반응을 보인다.

그리고 나면 이메일을 통해 간단한 자기소개나 좋은 글을 보내고, 이런 접근을 몇 번 더 반복한 다음 상품을 간접적으로 소개한다. '카카오톡'으로 정보를 전달하면 문자보다 효율적인 것은 물론 고객이 보았는지를 알 수 있기 때문에 다음 계획에 많은 도움이 된다.

그러나 직접적인 상품 소개는 '카카오톡'이나 문자를 활용하기에는 정보량이 많기 때문에 '카카오스토리'를 활용한다. '카카오스토리'에 각종 정보 및 보험 관련 동영상을 올려 고객과 공유하고, 방문한 고객들에게 하루에 한 번 정도 정성껏 댓글을 달아 줌으로써 관심을 표현한다. 기존 고객일 경우에는 특히 그런 행동이 유지·관리에 매우 효과적이다.

이렇게 문명의 이기 활용은 당장의 결과보다는 영업에 대한 자신감과 가망고객이나 기존고객에게 당신이 열심히 노력하고 있다는 것을 긍정적으로 보여 주는 데 목적을 두어야 한다. 고객은 항상 긍정적이고, 열심히 일하는 당신에게 도움을 주고 싶어 한다. 이것이 바로 우리나라 특유의 '정(情)'이라는 문화다.

최근 필자에게 월납 250만 원, 부부 합계 보장 4억 원짜리 보험 및 상속 연금 상품을 계약한 고객도 이렇게 긍정적이고 항상 열심히 일하는 모습 때문에 다른 영업인들보다 믿음이 간다며 전화를 걸어 와 가입했다고 한다. 그렇게 보았을 때, 성공 의지만 있다면 반드시 그 방법을 찾을 수 있는 것이 영업의 가장 큰 매력이라고 할 수 있다.

그렇다면 당신은 이러한 문명의 이기를 활용할 때, 어떤 원칙을 가지고 활용해야 할까?

• 지속적이어야 한다.

당시에는 필요에 의해 활용하기 시작했지만, 작심삼일로 끝나는 경우가 많다. 그러면 고객은 일회성으로 여길 것이 뻔하다. 당신의 인내심이나 끈기가 딱 그 정도라고 생각하지 않겠는가. 따라서 시작을 했다면 지속적으로 관심을 가지고 당신의 일상으로 정착시켜야 한다. 그러면 고객은 당신을 근면하고, 끈기가 있으며, 항상 노력하는 사람이라고 인식할 것이다. 특히 문자나 '카카오톡'으로 좋은 문구를 보낸다거나 '카카오스토리'로 정보를 제공하려면 지속적인 노력이 필요하다.

• 주기적이어야 한다.

매일 메일이나 문자를 보낼 수가 없다면 주기를 정하는 것도 한 가지 방법이다. 가령 문자나 '카카오톡'으로 인사하는 경우, 매주 첫 번째 월요일날 보내는 것이다. 한 주의 시작과 함께 매주 인사를 하면서 긍정적인 메시지를 보내 보라. 고객은 당신이 일관성 있는 사람이라고 인식할 것이다.

• 특별한 내용을 담는다.

매번 비슷한 내용만으로 고객의 호기심을 끄는 데는 한계가 있다. 고객의 관심사를 파악해 가능한 한 커스터마이징(맞춤화)을 하는 것이 좋다. 가령 LG 트윈스의 열광적인 팬이라면 경기 일정을 소개한다든지, 의사인 경우에는 새로운 의학 정보나 의료수가 정보, 세무 정보 등을 전하는 것이 좋다. 그러면 고객은 당신이 항상 자신에게 관심이 있다고 느낄 것이다.

• 고객 데이터를 분류한다.

앞에서 고객 리스트를 분류하는 것에 대해 언급했지만, 여기서는 그룹을 나누는 것을 말한다. 가령 관심사나 직군별로 나눠서 관리하는 것이다. 그러면 한꺼번에 정보나 메일, 문자를 보낼 때 훨씬 편리할 뿐만 아니라 활용도도 높일 수 있다.

1. 먼저 고객의 말을 경청하라 | 2. 칭찬으로 마음의 빗장을 열어라 | 3. 상품과 비즈니스를 설명하라 | 4. 직업별 설명 방법 1: 보험 상품 설명하기 | 5. 직업별 설명 방법 2: 리쿠르팅 하기 | 6. 무조건 팔아야 한다 | 7. 다시 만날 약속을 하라

SYSTEM
01

먼저 고객의 말을 경청하라

당신은 고객 리스트에 적어 놓은 사람들을 이제 하나둘씩 만날 것이다. 그러면서 새로운 고객 리스트를 한 명씩 추가할 것이고, 이를 바탕으로 자신의 소중한 꿈들을 하나씩 이뤄 나갈 것이다.

당신이 방금 고객과 내일 만나기로 어렵사리 약속을 잡았다고 가정해 보자. 그러고 나면 어떤 이야기로 말문을 열어야 할지 걱정이 앞설 것이다. 하지만 크게 걱정할 필요가 없다. 당신은 꿈을 이루기를 원하고 있다. 그러니 꿈으로 시작하면 된다.

먼저 고객에게 "꿈이 있습니까?", "꿈이 무엇입니까?"라고 질문해 보라. 물론 고객은 처음에는 조금 당황할 수도 있다. 초기에 당신에게 꿈을 물었을 때와 마찬가지로, 당당하게 자신의 꿈을 말하는 사람이 별로 많지 않을 수도 있다. 그리고 "당장 먹기살기도 어려운데 꿈이라니…."라며 손사래를 치는 사람도 있을 수도 있다.

그런 경우, 당신은 꿈을 서두로 말문을 열어 가면 된다. 물론 많은 사람들은 그 질문에 당황하겠지만, 한편으로는 자신의 꿈에 대해 다시한 번 생각해 보는 계기가 될 것이다. 고객이 꿈이 없다고 말한다면 "저도 옛날에는 꿈이 없었습니다. 하루하루 살기도 바쁜데 무슨 꿈을 꾸며 살아갈 수 있었겠습니까?"라고 답하면 된다.

그러고 나서 자신이 꿈을 가지게 된 이유와 꿈을 가진 후에 달라진점 등을 이야기하면 된다. 그렇다고 해서 당신의 이야기만 장황하게늘어놓았다가는 실패하기 쉽다. 꿈을 서두로 고객의 말문을 열었다면, 질문을 던진 후 가만히 경청하면 된다. 이때 경청은 매우 중요하다.

다음은 경청에 대한 재미있는 에피소드다.

어느 유명한 점술가가 있었다. 점괘를 잘 본다고 명성이 자자해 유명 인사뿐아니라 가정불화, 경제적 문제 등으로 인해 고통받고 있는 많은 사람들이 그를찾았다. 그런데 점술가의 집에는 벽을 하나 둔 곳에, 손님을 만나서 접수를 하는직원이 한 명 앉아 있었다. 점술가의 집에 온 손님들은 점술가를 만나기 전에 접수를 위해 직원과 이야기를 나누어야만 했다.

"여기에 어떤 고민으로, 무엇을 알아보려고 왔습니까?"

직원이 이렇게 질문하면, 손님들은 자신의 과거와 현재, 다가올 미래에 대해알고 싶은 것들을 술술 털어놓았다. 그러고 나면 벽 너머에 있던 점술가는 그 이야기를 가만히 듣고 난 다음 손님을 자신의 방으로 불러들였다. 그리고 손님이 들어오면 근업한 자세로 뚫어지게 쳐다보며 지금까지 들었던 것들을 앵무새처럼 읊어댔다. 이때 놀라지 않을 사람이 어디에 있겠는가!

"어떻게 저에 대해 그렇게 잘 아세요?"

손님들은 이렇게 말하며 점술가의 능력을 철썩같이 믿게 되었다. 그리고 두둑한 복채를 한마디 불평도 없이 기꺼이 주고 나갔다고 한다. 정작 그 점술가가 지닌 명성의 근원지는 바로 경청에 있었던 것이다.

이것이 바로 경청의 힘이다. 상대방에게 질문한 다음 경청하면 그 속에 모든 답이 있다. 그것만 잘하면 당신은 최고의 영업 달인이 될 수 있다. 당신의 미래란 당신이 지금부터 무엇을 느끼고, 어떻게 하느냐에 따라 달라질 수 있다.

경청의 사례를 하나 더 소개한다.

몇 년 전 필자가 ○○생명에서 설계사로 일했을 때의 일이다. 어렵게 전화 통화를 해서 약속 시간을 잡은 후 한 여성 고객의 집을 방문했다. 고객이 여성이라고 해서 혼자 가는 것이 조금 망설여졌지만, 용기를 냈다. 마침 아이들은 유치원과 초등학교에 가고 없었다.

여성 고객을 만나러 가기 전에, 필자는 그녀가 가입한 보험에 대한 비교 안내장을 가지고 여러 가지를 설명할 수 있으리라 기대했었다. 하지만 정작 방문해서는 한마디 말도 꺼내지 못하고 그녀의 넋두리만 한 시간을 들어야만 했다. 그녀는 시댁과 자녀 교육에 대한 이야기를 시시콜콜 장황하게 늘어놓았다.

여성 고객이 시댁 이야기를 할 때면, 필자는 남자로서 여자를 이해한다는 듯이 고개를 끄덕이며 "네…" 라고밖에 말할 수 없었다. 그녀는 시댁과 남편 문제, 자녀 교육에 심각할 정도로 많은 문제를 가지고 있었다. 우울증이 들 정도로까지 보였다. 필자는 보험의 '보' 도 꺼내지 못하고 그녀의 이야기만 한 시간가량 들은 후, 다음 약속 때문에 인사를 하고 집을 나왔다.

그런데 10분 정도 지났을까. 차를 타고 다음 약속 장소로 이동하고 있는데 그녀에게서 전화가 걸려왔다. 전화 내용인즉, 자기 말만 해서 너무 미안하다면서 유치원생인 아이의 교육 자금과 기본 보장이 되는 보험을 설계해 달라고 하는 것이었다. 그리고 필자는 바로 다음 날 월 보험료가 10만 5천 원인 'OOOO글로벌 어린이 변액보험' 을 청약했다.

이 이야기는 경청에서 얻을 수 있는 선물의 대표적인 사례라 할 수 있다. 당신이 상품이나 리쿠르팅을 목적으로 만나더라도 순서가 있다. 서로 꿈에 대한 이야기를 나눈 뒤에는 서둘지 말고 경청하는 것이다. 바로 거기에 답이 있다. 단, 경청을 하기 전에 질문에 쉽게 답할 수 있는 분위기를 조성해야 한다. 그것이 바로 칭찬이다.

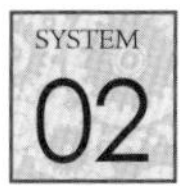

칭찬으로
마음의 빗장을 열어라

본론으로 들어가기 전에 당신이 먼저 확인해야 할 것이 있다. 상대방이 어느 정도 마음을 열었는지가 그것이다. 그렇지 않으면 성공적인 만남의 확률이 내려갈 수밖에 없다. 고객은 당신이 하려는 말, 즉 상품이나 보험에 대해 별로 관심이 없을 수도 있고, 여기저기서 너무 많이 들었던 탓에 선입견을 가지고 있을 수도 있다.

게다가 인간은 기본적으로 이기적이다. 그 때문에 고객은 절대 먼저 마음을 열지 않는다. 인간이 이기적이라는 절대적 증거가 바로 의심이다. 하물며 영업을 하는 당신조차도 누군가가 상품을 추천하거나 구매하라고 하면 의심부터 하지 않는가. 그러니 의심을 부정할 필요가 없다. 오히려 그것을 긍정하고 마음을 여는 방법을 강구해야 한다.

의심은 사실 인간뿐 아니라 동물들도 가지고 있는 습성이다. 이것은 살아남기 위한 생존 본능과 직결된다. 집에서 개나 고양이를 키우는 사람들은 알 것이다. 새로운 음식을 내놓거나 새로운 장소에 가면 개나 고양이는 코를 킁킁거리며 한참 동안 냄새를 맡는다. 그들은 일단 의심을 한 후 안전하다고 판단되었을 때에야 비로소 음식을 먹거나 그 장소에 적응한다. 하물며 동물들도 이러한데 만물의 영장이라는 인간은 어떻겠는가.

따라서 상대방의 의심을 무장해제하기 위한 사전 조치가 반드시 뒤따라야 한다. 그 대표적인 조치가 바로 칭찬이다. 『칭찬은 고래도 춤추게 한다』라는 책까지 등장할 정도로 칭찬은 '죽은 나무를 살리는 한 줄기 빗물'과도 같다. 그 빗물은 조용히 스며들어 차갑게 얼어붙은 고객의 마음을 조금씩 녹인다. 칭찬은 이처럼 얼어붙은 상대방의 마음을 녹이는 훈풍이라고 할 수 있다.

그렇다면 도대체 칭찬은 얼마나 강력한 힘을 지니고 있는 것일까? 다음은 칭찬이 가지는 강력한 영향력을 보여 주는 사례다.

몇 년 전 EBS에서 아이들을 두 집단으로 나눠 눈을 가린 채 농구 골대에 농구공을 넣는 게임을 한 적이 있다. 한 집단의 부모들은 아이들이 공을 던지고 나면 "그쪽이 아니라 오른쪽이야." 와 같이 부정적인 말을 하며 방향을 지시했다. 그리고 다른 한 집단의 부모들은 "잘했어. 조금만 더 오른쪽으로 던지면 돼." 라고 칭찬을 하며 방향을 지시했다. 그 결과는 어떻게 나타났을까? 부모에게서 칭찬을 받은 집단에서 무려 두 배 이상의 긍정적인 결과가 나타났다고 한다.

어디 그뿐인가. 샌프란시스코의 한 초등학교에서는 이런 일도 있었다.

이 학교에서 전교생을 대상으로 지능검사를 실시하면서 무작위로 20%의 명단을 각각의 담임에게 주고 나서 지능지수나 학업 성취도가 높은 아이들이라고 거짓 정보를 제공했다. 그리고 8개월이 지난 후 어떻게 되었을까? 지능 검사를 실시한 결과, 성취도가 높다고 거짓 정보를 주었던 아이들의 지능 지수와 학업 성적이 다른 아이들에 비해 크게 오른 것으로 확인되었다고 한다.

칭찬은 이처럼 동기를 부여해 목표를 달성하는 데 큰 영향을 미친다.

그렇다면 당신은 칭찬을 할 때 상대방의 어떤 부분을 칭찬해야 할까? 그것은 당신의 직업이나 취급 상품에 따라 천차만별로 다를 수 있다. 또한 설명하기 전에 먼저 상대방 마음의 빗장을 풀기 위해 공통적으로 칭찬해야 할 부분과 상품별, 직업별로 칭찬해야 할 부분이 완전히 다를 수도 있다.

공통적인 칭찬 사항으로는 자녀나 남편, 배우자에 대한 칭찬을 대표적으로 꼽을 수 있다. 자녀나 남편 혹은 배우자에 대한 칭찬은 가족사진이나 집에 진열된 각종 상패나 상장, 트로피 등을 보면서 하면 좋다. 예를 들어, 자녀들의 특별한 상장이나 배우자의 특별한 자격증 및 모임에서 받은 감투에 대한 표창장을 보면서 이렇게 칭찬하는 것이다.

"다른 사람들은 몇 년을 공부해도 이 자격증을 따지 못하던데 어떻게 그렇게 짧은 시간에 따셨어요? 배우자(혹은 자녀) 분은 머리가 참 좋으신 데다 노력파인 모양이네요. 그래서인지 자녀 분들도 배우자 분을 닮아 공부(운동)를 참 잘하나 봐요. 가족 분들 모두가 열심히 사시는 모습이 참 보기 좋네요."

칭찬은 고객의 마음을 여는 매우 바람직한 방법이다. 사람은 누구나 인정받는 것은 좋아한다. 미국의 저명한 심리학자인 매슬로(Maslow)도 '욕구의 5단계 이론'에서 최상위인 4단계, 5단계 욕구로 존경의 욕구와 자아실현의 욕구를 들었다. 이 두 가지를 욕구를 모두 충족시키는 행위가 바로 칭찬이다.

칭찬은 다른 사람에게서 존경받고 인정받는다는 욕구와 자신이 뭔가를 성취했다는 욕구를 동시에 만족시킨다. 그래서일까? 상대방을 칭찬해서 '당신은 뭔가 특별하다.'라는 인식을 심어 주면 마음의 문을 쉽게 열어 자신의 이야기를 술술 털어놓는 경우가 많다.

칭찬은 이처럼 고객을 기분 좋게 만들어 주는 최고의 도구일 뿐만 아니라 당신에게 호감을 가지게 하는 미끼이며, 마음의 빗장을 활짝 여는 열쇠가 된다.

하지만 칭찬할 때, 반드시 유의할 것이 있다. 구체적으로 칭찬해야 한다는 것이다. 그리고 필요한 경우에는 다른 사람과 비교하여 칭찬 효과를 높여야 한다. 그렇지 않으면 상대방은 칭찬을 그저 립 서비스 정도로 인식하거나 자신을 놀리는 것으로 여길 수도 있다.

상품과 비즈니스를 설명하라

칭찬으로 마음의 빗장을 열었다면, 당신은 이제 본격적으로 자신이 갖고 있는 직업별 계획(즉, 상품이나 사업 설명)을 고객에게 설명해야 한다. 이때 대충 보여 준다면 과연 고객이 마음을 열겠는가? 그럴 확률은 거의 없을 것이다.

그렇다면 어떻게 해야 고객이 마음의 문을 열 수 있을까? 다음과 같은 원칙을 가지고 설명해야 한다.

• 첫째, 확신을 가지고 열정적으로 설명해야 한다.

자기장이 약한 곳에서 센 곳으로 물체가 이동하고, 기(氣)가 높은 곳에서 낮은 곳으로 흐르는 것은 자연의 순리다. 이와 마찬가지로 열정도 높은 곳에서 낮은 곳으로 움직인다. 당신이 열정적으로 설명할 때

고객이 마음의 문을 여는 이유가 여기에 있다.

그런데 열정적으로 설명하기 위해서는 먼저 직업과 상품에 대한 확실한 믿음과 비전을 가지고 있어야 한다. 상품에 대한 장단점을 완벽하게 파악하는 것도 필수다. 고객에게 장점은 물론 단점까지도 숨김없이 설명해야 한다. 그래야 완전 판매를 할 수 있다. 상품의 단점을 설명할 때에는 '그럼에도 불구하고'라는 단어를 사용해 장점이 이를 충분히 보완할 수 있고, 단점으로 인한 불이익보다 장점에 대한 이익이 더 많다는 것을 납득하도록 설명해야 한다.

불완전 판매로 인한 계약 취소는 사실 당신의 이미지를 영원히 회복하지 못하도록 만들 수도 있다. 현존하는 유·무형의 상품이나 제도 중에서 100% 장점 혹은 100% 단점만 가진 것은 없다. 다만 상품의 장점과 단점이 고객의 성향에 따라 다르게 다가올 뿐이다.

당신이 장점이라고 생각하는 것이 다른 사람에게는 단점이 될 수도 있다. 따라서 이때 흑백논리로 설명하는 것은 굉장히 위험하다. 상품이나 사업에 대한 장단점을 숨김없이 설명해 주어야만 고객은 사후 처리에 대해 안심하고 구매할 수 있다.

• 둘째, 믿음을 줄 수 있도록 설명해야 한다.

그러기 위해서는 상품에 대해 설명하기 전에 회사에 대해 신뢰를 줄 수 있는 자료나 신문, 공신력 있는 잡지에 연재된 기사를 스크랩하여 보여 줄 필요가 있다. 또한 보험을 설명한다면 각종 통계 자료가, 건강식품을 설명한다면 건강에 관한 기사가 믿음을 주는 데 큰 도움이 될 것이다.

- 셋째, 논리적으로 설명해야 한다.

직업이나 상품에 따라 적당한 설명 프로세스가 있게 마련이다. 그 프로세스에 따른 논리적이고 순차적인 짧은 설명은 고객에게 큰 효과를 발휘한다.

예를 들어, 보험영업을 한다면 당신은 우선 몇 가지 질문을 한 후 상대방이 필요로 하는 것을 집중적으로 설명해야 한다. 즉, 고객의 니즈에 부합한 설명을 해야 하는 것이다. 가려운 곳을 긁어 주어야 시원하지 가렵지 않은 곳을 긁어 주면 따갑고 아플 뿐이다. 그러면 아무런 소득도 얻지 못한 채 시간만 낭비할 뿐이다.

건강식품도 마찬가지다. 고객은 자신이 아픈 어떤 특정 부위, 가령 심장이나 허리, 무릎 관절에 더 관심을 갖는 경우가 많다. 따라서 당신은 먼저 고객이 어떤 부위에 많은 관심을 가지고 있는지를 파악해야 한다. 때로는 총론적인 설명보다는 각론적인 설명이 더 중요할 때가 있다.

또한 하루 만에 결론을 내리는 것은 고객에게 불신을 심어 줄 수 있으니 단계별로, 그리고 계획적으로 몇 번의 만남을 이어 갈 수 있도록 강약을 조절해야 한다. 이런 계획은 팀장이나 스폰서(소개자)와 상담해서 구체적으로 세우는 것도 좋다.

- 넷째, 길어도 절대 한 시간을 넘기지 마라.

당신은 만나서 대화를 나누기 전에, 먼저 시간을 얼마나 할애할 수 있는지 고객에게 물어야 한다. 당신이 원하는 시간을 먼저 말해서 허락을 받는 것도 좋은 방법이다. 현대인들은 모두가 바쁘기 때문에 한 시간을 기준으로 설명할 수 있도록 준비할 필요가 있다.

그러나 이것은 연습에 연습을 거듭했을 때 비로소 가능하다. 따라서 당신은 동료나 팀장 등과 함께 연습해 보면서 소요된 시간과 반응을 확인하고, 고칠 점을 지적해 달라고 부탁해 개선해 나가야 한다. 연습을 하면 할수록 실수는 줄어들 것이고, 시간은 짧아질 것이며, 성공률은 높아질 것이다. 군대의 훈련소에 가면 이런 문구가 있다.

"훈련을 실전처럼, 실전을 훈련처럼."

"오늘 흘린 한 방울의 땀이 실전에서 목숨을 건진다."

이처럼 오늘 당신의 연습은 꿈의 성취로 이어진다. 올림픽에서 금메달을 딴 선수들을 보라. 단 3분을 위해 최소 4년 이상 피눈물 나게 연습하지 않았는가. 그에 대한 보상이 바로 1억 원 정도의 포상금과 매월 100여만 원 정도의 연금이다. 이처럼 성과란 연습에 대한 보상이다.

당신도 마찬가지다. 한 명의 고객에게 상품이나 사업에 대해 성공적으로 설명하기 위해서는 수많은 반복 연습이 필요하다. 여기서 성공적인 사업 설명이란 지금 당장 결과를 얻는 것이 아니라 최소한 다음번 만남을 약속할 수 있는 상황을 말한다. 결과란 계속적인 만남이 이루어지는 과정에서 얻어지는 열매일 뿐이다.

• 다섯째, 감성을 자극하는 설명을 해야 한다.

아무리 논리적이고 완벽하며 열정적으로 설명했더라도 감성을 자극하지 못하면 돌아오는 것은 공허한 메아리일 뿐이다. 감성을 자극할 때는 무엇보다도 목소리를 가다듬고 상대의 눈을 바라보면서 호응하는 것이 중요하다. 그리고 고개를 끄덕이면서 고객의 말에 공감하는 감탄사로 함께 반응해 주는 것이 좋다. 그렇게 하면 상대방은 당신과 만나는 것을 기쁨으로 여기게 될 것이다.

고객의 감성을 자극하기 위해서는 사전에 상대방에 대한 정보를 확보하는 것도 중요하지만 헤어진 후의 관리도 중요하다. 헤어진 후 상대방에게 이메일이나 문자를 보내는 것이 대표적이다. 필자의 경우에는 상대방과 헤어진 다음에 자필 편지를 써서 보낸다.

직업별 설명 방법 1:
보험 상품 설명하기

당신이 보험 상품을 팔기 위해 고객을 만났다고 가정해 보자. 당신은 먼저 보험을 상품으로 접근하기 전에 고객의 꿈을 파악해 그것과 연결시켜야 한다. 그에 따라 당신은 가령, 가족을 위한 건강보험이나 종신보험을 소개할 것인지, 연금이나 저축 보험을 소개할 것인지를 선택해야 한다.

그러나 이때는 무척 빠른 판단이 요구된다. 당신은 이를 위해 연령대별 생활 주기를 활용할 필요가 있다. 이것만 잘 활용하면 한 번에 종신보험, 건강보험, 연금 및 목적자금(4대)을 모두 성공시킬 수 있을 뿐만 아니라 고객의 니즈를 쉽게 파악하고, 거기에 따른 상품 제안 정보도 쉽게 얻어낼 수 있기 때문이다.

　모든 설명이 끝났다면, 당신은 이제 새롭게 알게 된 정보를 바탕으로 상품 제안서를 만들어서 다음번 방문 약속을 해야 한다. 이때 반드시 유념할 것이 있다. 방문 약속은 무조건 48시간을 넘으면 안 된다는 것이다.

　48시간이 넘으면 고객들은 니즈가 점점 떨어지고, 주위에서 부정적인 이야기나 이런저런 조언을 듣게 된다. 그러고 나서 전화 통화를 하면 고객의 90% 이상은 부정적인 의견을 제시한다. 다음번 방문 약속을 가능한 한 빨리 잡는 것이 효과적이라는 이유가 바로 여기에 있다.

　48시간이 넘어가게 되면 당신은 고객에게 상품의 필요성을 다시 제시하는 데 더 많은 시간과 노력을 쏟아야 한다. 따라서 즉석에서 가능한 한 빨리 다음번 방문 약속을 잡아야 한다. 이때 당신은 수첩을 꺼내 약속을 확인하며 바쁘게 움직인다는 인상을 줘야 한다. 정말 없는 시간을 할애해 고객을 만난다는 느낌을 받게 해야 한다. 그래야 고객은 비로소 당신과의 약속을 최우선순위에 올려놓게 된다. 이런 경우, 약간의 연기력과 선의의 거짓말이 필요할 수도 있다.

　그러고 나서 당신은 다음번에 만날 때까지 부정적인 생각을 하지 않도록 긍정적인 생각에 대한 책이나 상품과 관련된 작은 책자를 제공할 필요가 있다. 물론 책을 줄 때도 그냥 주는 것보다는 그 책을 읽으면 궁금한 것을 알 수 있다고 설명하는 것이 필수다. 그리고 다음에 반드시 받아 가야 하는 것들이니 빠른 시간 내에 꼭 읽어 보라고 해야 한다. 그래야 고객은 그것들이 중요하다고 생각해 시간을 할애해서 읽어 볼 것이다.

LIFE CYCLE

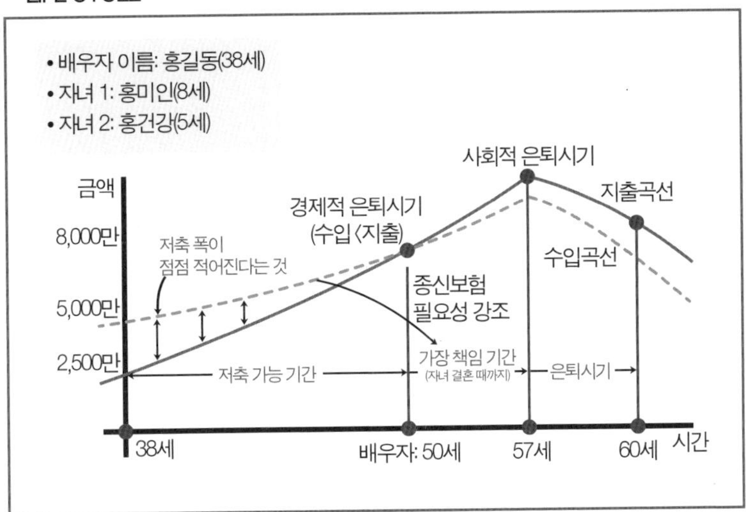

그럼 이제 그다음 단계로 넘어가서 각각의 단계를 세밀하게 한 번 들여다보자.

당신은 보험을 설명하기 위하여 가장 기본적인 정보를 먼저 파악해야 한다. 고객과 배우자의 나이와 직업, 연간 소득, 자녀의 나이와 이름 정도는 필수다. 그리고 빈 종이에 위의 그림을 그린 후 차근차근 하나씩 설명하면서 시간의 흐름에 따른 고객의 니즈를 파악해야 한다. 그 결과 당신은 다음과 같은 정보를 얻게 될 것이다.

- 배우자 이름: 홍길동(38세)
- 자녀 1: 홍미인(8세)

■ 자녀 2: 홍건강(5세)

그리고 앞의 그림을 그리면서 고객과 이야기를 나눈다. 이때부터 약 20~30분간은 당신이 주도권을 잡고 질문은 나중에 하도록 부탁하면서 이야기를 시작한다. 필자가 보험영업을 하면서 고객과 상담한 다음 몇 차례 방문한 후 청약한 실례를 들어 그 프로세스를 설명하겠다.

필자 안녕하세요, 미인이 어머님! 자녀들을 모두 어린이집과 학교에 보내고 나서 쉬시는 시간에 저를 불러 주셔서 감사합니다. 미인이 어머님은 참 부지런하시고 깔끔하시네요. 어쩜 한창 뛰노는 어린 자녀가 있는데도 집안이 이렇게 깨끗해요? 미인이 어머님, 시원한 물 한잔 주시겠어요?

[식탁에 앉아 물을 마시면서 다정하게 찍은 가족사진과 미인이의 태권도 1 품증이 벽에 걸려 있는 것을 보고 칭찬 분위기를 이어 간다.]

필자 미인이 어머님! 저 가족사진 언제 찍으셨어요? 참 행복해 보이네요. 옆에 미인이가 태권도 1품을 딴 증도 있네요. 체력은 국력이라는 말처럼 요즘은 체력이 곧 좋은 대학을 가는 데 기본이라고 하더라고요. 미인이는 태권도를 일 년 정도 했나 봐요? 1품 정말 따기 힘든 것 같던데… 우리 조카는 2년을 했는데도 아직 못 땄거든요. 미인이는 누구를 닮아서 운동신경이 좋은가요? 엄마를 닮았나요?

[이쯤에서 칭찬을 그만하고 화제를 바꾼다.]

필자 이렇게 행복한 가정을 끝까지 지켜 줘야 하는 것이 현명한 부모들의 선택

이 아닐까요? 미인이 어머님은 모든 준비가 완료되셨죠? 제가 보기에 미인

이 어머님은 모든 면에서 준비를 잘 하셨을 것처럼 보이는데요. 그렇죠?

[이렇게 하면 99%가 안 되어 있다고 답한다.]

필자 준비가 부족하다고 하시니 뜻밖이네요. 그럼 제가 제값은 하고 가야겠네

요. 미인이와 건강이를 대학 졸업시키고 결혼을 시키는 것이 부모님의 책

임이잖아요. 그래서 말씀인데요, 남편의 이름은 세 개라고 하더라고요.

미인이 어머님 그게 무슨 말씀이시죠?

필자 네, 가장의 역할을 말하는 것입니다. 첫 번째는 한 여자의 남편 역할이고,

두 번째는 아이들의 아버지 역할이고, 세 번째는 가정의 수입원 역할입니

다. 모두가 중요하지만 현실적으로 세 번째 역할이 첫 번째와 두 번째 역

할을 지배하죠. 만약 가정의 수입원인 아버지가 역할을 다하지 못한다고

가정해 보십시오. 영어로 인생을 뜻하는 'Life'는 'Live(삶)'와 'End(끝, 죽

음)' 가운데에 'if(만약)'라는 것이 늘 존재한다는 뜻이라고 하네요. 한문

가운데 상형문자 '人生'이라는 글자에서도 '生'을 한번 유심히 보시면

소(牛)가 외줄(─)을 타고 가는 모습을 나타낸다고 하네요. 소가 외줄을 타

고 간다는 것은 무척 아슬아슬하게 매일을 살아간다는 뜻이죠. 여기에 어

머님이 쉽게 이해할 수 있도록 가정의 생활 변화 주기를 자녀의 성장 과

정과 시간에 따라 수입과 지출의 변화와 함께 그려 보겠습니다. 가로축은

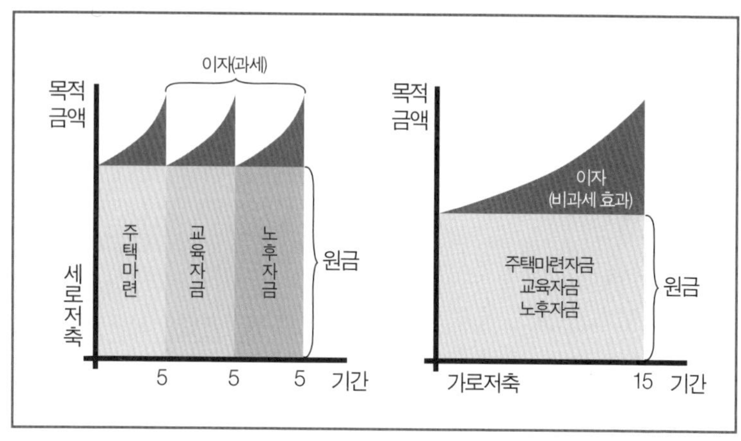

시간의 변화를 나타냅니다. 세로축은 목표 및 필요자금을 나타냅니다. 가로축에는 먼저 현재 주수입원인 남편의 나이와 자녀의 나이를 적습니다. 그리고 첫째 자녀의 대학 입학 시기와 결혼 시기를 기준으로 하여 남편의 연령과 막내의 연령을 적습니다. 그 후에 직장 정년 시기 및 자영업 정년 시기를 적고, 마지막으로 노동 수입이 없는 노후의 시작 시기를 적습니다. 그리고 수입 곡선과 지출 곡선을 그립니다. 먼저 수입 곡선은 점선으로 그립니다. 점선으로 그리는 이유는 수입이 항상 일정하지가 않다는 것을 상징적으로 보여 줍니다. 반면에 지출 곡선은 실선으로 그립니다. 수입과 상관없이 지출은 늘 발생하기 때문입니다. 수입 곡선과 지출 곡선이 역전하는 시기(수입〈지출)를 경제적 정년 시기라고 빨갛게 표시합니다. 사회적 정년 시기인 57세보다 빠를 겁니다. 누구나 대략 첫째 자녀가 대학에 입학하는 시기를 경제적 정년 시기가 오는 것이라고 생각합니다. 그 때까지 어머님은 생의 5대 목적자금을 준비해야 합니다.

미인이 어머님 5대 목적자금이란 무엇을 말하는 건가요?

필자 5대 목적자금이란, 1. 주택 마련 및 확장 자금, 2. 교육자금, 3. 자녀결혼 자금, 4. 노후준비자금, 5. 긴급여비자금(창업자금)을 말합니다. 이를 준비할 수 있는 기간은 바로 3단계로 나눌 수 있습니다. 지출과 수입의 간격이 점점 줄어드는 것은, 자녀가 클수록 세월이 갈수록 저축할 수 있는 여력이 그만큼 줄어든다는 것을 증명합니다. 많은 사람들이 지금은 안 되고, 다음에 저축하겠다고 하는데, 이 그림을 보시면 시간이 갈수록 지금보다 더 어렵다는 것을 한눈에 알 수 있습니다. 자녀가 클수록 고정 지출은 더욱 늘어납니다. 지금 어려우면 영원히 저축은 할 수 없는 것이죠. 그래서 1차 저축 목표는 미인이가 초등학교에 입학하기 전까지입니다. 이때 먼저 생각하실 목적자금은 좀 뜻밖이라고 생각하시겠지만, 두 분의 노후자금입니다. 그래야 복리 효과를 최대로 살릴 수 있고, 장기라는 특성상 적은 원금으로 최대의 효과를 볼 수 있습니다. 1차 목표가 여의치 않으시면 2차 목표는 미인이 중학교 졸업 때까지입니다. 그때까지 불가능하시면 마지막 3차 목표는 미인이 대학 입학 전까지겠죠. 그때는 아마 여러 여건상 저축은 꿈도 꾸지 못할 겁니다. 저축한다고 해도 단기 저축일 것이고, 장기 저축은 절대로 만기까지 가기 힘들 겁니다. 왜냐하면 마치 무거운 배낭을 메고 암벽 등반을 하는 경우처럼 위험(중도 해지 위험)을 늘 안고 갈 것이기 때문입니다.

(중략)

우리는 최소한 경제적 정년 시기까지를 저축 가능 시기라고 말합니다. 이

기간 동안은 기정의 가용자산을 단기, 중기, 장기의 적당한 비율로 구분하는 기간 포토폴리오가 중요합니다. 투자처에 대한 포토폴리오도 중요하지만, 기간 포토폴리오는 더욱 중요합니다. (저금리 상황과 비과세 활용을 위해서) 이 모두를 해결할 수 있는 것이 세로저축(단기저축 위주의 저축)보다는 가로저축(장기 저축, 단기 저축 유동성 확보, 추가납입, 중도인출제도)입니다. 가로저축은 충분한 복리 효과 및 비과세를 기대할 수 있기 때문입니다.

(중략)

가장의 책임 기간, 즉 가장이 마음 놓고 죽을 수 있는 기간은 막내 결혼 후부터입니다. 우리나라에서 통계적으로 자녀(딸)의 결혼식에 아버지가 함께 들어갈 수 없는 확률이 1/5이라고 합니다. 평균 수명은 계속 늘어 100세 시대를 맞이했지만, 준비하지 못한 100세는 암보다 더 무서운 재앙입니다.

(중략)

건강이에게 『돼지 삼형제』를 읽어 준 적이 있으신지요. 그 책이 우리에게 주는 교훈이 무엇인지 아시죠? 바로 튼튼한 울타리입니다. 우리 인생의 든든한 울타리, 그것은 보험이 아닐까요? 지금 수입의 10%로 행복한 가정을 준비할 수 있다면, 그것이 바로 든든한 울타리가 될 테니까요.

미인이 어머님: 그럼 어느 정도 준비해야 하나요?

필자 완벽하게 준비하려면 끝도 없고 수입도 한정되어 있습니다만, 저는 최소 기준을 가장 연봉의 5배 정도는 준비해야 한다고 생각합니다. 물론 자녀 한 명의 대학 학비 및 여러 기준이 있겠지만, 이것저것 준비하다 보면 무리가 될 수 있으니, 일차적인 보장자산(종신보험)은 연봉의 5배 정도가 적합하지 않을까 싶습니다. 제가 가장 저렴한 보험료로 보장은 크게 하면서 가장의 책임 기간을 파악해서 융통성 있게 설계서를 한번 만들어 내일 오전 10시 30분에 다시 찾아뵙겠습니다.

(중략)

필자는 이렇게 결론을 내리고 남편과 본인의 신용정보 동의서와 각종 정보를 획득한 후 고객이 원하는 종신보험 2억 원과 기존의 타사 증권을 참고하여 특약을 추가해 노후 연금 및 교육자금을 한꺼번에 준비할 수 있도록 월 60만 원 정도의 상품을 추천하고, 제안서(설계서)를 48시간 내에 만들어 다시 한 번 방문할 것을 약속했다.

바로 다음 날 고객에게 제안서를 주고, 질문에 대한 설명과 함께 자료를 보여 준 다음 두세 번을 더 만났다. 그리고 결국 종신보험 보장자산 2억 5천만 원, 변액연금 월 보험료 60만 원, 총 보험료 약 85만 원의 보험을 청약했다.

〜 주의 사항

여자 혼자 있는 집에 남자 설계사 혼자 방문하는 것은 가급적 피해야 한다. 모르는 이웃이 오해할 수도 있고, 이상한 소문의 원천이 될 수도 있기 때문이다. 이런 경우에는 반드시 여성 설계사를 동반해야 한다. 필자의 경우에는 아내를 동반한다. 그리고 두세 번가량 만남이 지속될 경우에는 가족이나 배우자와 함께 청약을 한다.

직업별 설명 방법 2:
리쿠르팅 하기

당신이 영업인으로서 롱런을 하기 위해서는 많은 전제 조건이 있을 것이다. 하지만 필자는 무엇보다도 개미형 영업에서 거미형 영업으로 전환해야 한다고 말하고 싶다. 아마추어는 상품을 팔지만, 프로는 리쿠르팅을 한다는 말도 있지 않은가.

리쿠르팅은 왜 해야 하며, 리쿠르팅이 왜 중요한 것일까? 리쿠르팅은 우물을 파는 것이라고 할 수 있다. 그리고 마르지 않는 나만의 우물을 파서 다른 사람과 공유하는 것이라고 할 수 있다. 그렇다면 당신은 어떻게 해야 마르지 않는 우물을 팔 수 있을까?

• 첫째, 꿈을 명확히 해야 한다.

그래야 그 꿈이 다른 사람에게 전달되어 확신을 주고, 공유할 수도 있다. 원본이 확실해야 복사본이 깨끗한 것과 같은 이치다.

• 둘째, 긍정적으로 변화된 모습을 보여 줘야 한다.

그러기 위해서는 먼저 당신이 하는 일에 대한 비전을 고객에게 제시해야 한다. 물론 이때에는 책자를 활용할 수도 있겠지만, 그보다 더 중요한 것이 있다. 당신의 변화된 모습이 바로 그것이다. 예전과 다른 모습, 즉 긍정적이고 적극적으로 변한 모습과 비즈니스맨으로서 가져야 할 단정한 복장과 언어 구사 능력 등을 보여 줘야 한다. 그리고 신뢰감을 심어 줄 수 있도록 약속을 잘 지키는 것도 중요하다. 허황된 꿈이나 보여 주는 과시적인 모습은 삼가야 한다.

• 셋째, 스폰서를 잘 활용해야 한다.

리쿠르팅 후보자는 한 번 만나서 결정되지 않는다. 따라서 전략과 전술이 필요하다. 리쿠르팅의 주된 목적은 리쿠르팅 후보자에게 자신의 꿈을 전염시켜 자신과 같이 일하도록 하는 것이다.

그렇다면 리쿠르팅은 어떤 순서로 진행해야 할까?

첫 번째로, 일단 회사에서 진행하는 사업 설명회에 후보자를 초대한다. 후보자가 이에 응하면 50%는 성공한 것이다. 이때에는 당신이 처음부터 끝까지 설명하기보다는 직업에 대한 비전을 통해 스스로의 꿈을 찾도록 도와주면 된다.

두 번째로, 스폰서 즉 다음번에 동반해서 만날 지점장이나 팀장을 프로모션(자랑)한다. 똑같은 제품이라도 마케팅에 따라 매출이 달라지는 것처럼, 동반할 사람을 어떻게 프로모션하느냐에 따라 다음번 약속과 약속 후 받아들이는 태도가 전혀 다를 수 있다.

그렇다면 스폰서는 어떻게 프로모션해야 할까? 기본적으로는 당신보다 우월하다는 것을 강조해야 한다. 그러기 위해서는 스폰서에 대한 충성심이 몸에 배어 있어야 한다. 리쿠르팅을 했을 경우 누가 가장 좋은가? 당신이 제일 좋다. 따라서 당신은 스폰서를 무조건 자랑해야 한다.

물론 스폰서도 거기에 맞는 언행과 지식, 품성을 지녀야 하는 것은 당연하다. 하지만 조금 부족할지언정 당신이 어떻게 프로모션을 하느냐에 따라 많은 차이가 발생한다. 당신은 이러한 사실을 명심하면서 최대한 지렛대 효과를 발휘해야 한다.

당신은 무엇보다 스폰서의 경험을 믿어야 한다. 믿지 못한다면 절대로 동반해서는 안 된다. 완벽한 프로모션이란 고객에게 긴장감을 주고, 다음번에도 다시 만나고 싶다는 호기심을 주며, 스폰서와 함께 만났을 때 진지함과 정보에 대한 빠른 흡입력을 제공하는 것이다.

마지막으로 스폰서를 동반해 리쿠르팅 후보자와 만날 때에는 당신의 역할 또한 매우 중요하다. 먼저, 서로를 소개할 때는 후보자를 스폰서에게 소개하는 것이 원칙이다. 그 후에는 스폰서가 리쿠르팅 후보자를 주도해서 설명하면 된다. 프로모션의 기본은 스폰서가 이 분야의 최고 전문가라는 사실을 인식시키는 것이다. 서로를 소개할 때는 조

용하고 산만하지 않은 곳을 선택하고, 후보자는 반드시 벽을 향하도록
해야 한다.

그렇게 서로를 소개하고 나서는 모든 것을 스폰서에게 맡기면 된다.
스폰서가 말하는 도중에 끼어들어서는 안 된다. 간혹 경험 없는 사람
들은 스폰서를 꿔다 놓은 보릿자루처럼 취급하는 경우가 있는데, 이것
은 정말 시간 낭비다. 비록 스폰서의 의견이나 생각이 당신과 다르더
라도 당신은 그를 믿고 기다려야 한다. 꼭 하고 싶은 말이 있으면 스폰
서가 이야기를 끝낸 후에 하면 된다. 가능한 한 당신은 스폰서의 모든
것을 수긍하는 것으로 끝맺는 것이 제일 좋다.

그래도 할 말이 있다면 최대한 간단히 말해야 한다. 스폰서에게서 도
움을 받기 위해서 당신이 해야 할 가장 큰 역할은 고객에게 얼마나 스폰
서를 잘 소개하느냐다. 스폰서에 대한 당신의 신뢰는 고객에게 믿음을
갖게 한다. 이에 따라 결과는 엄청나게 달라진다.

당신은 '선녀와 나무꾼' 이야기를 알고 있을 것이다. 만약 그 이야기
에서 아이를 하나만 더 낳았더라면 선녀는 나무꾼과 헤어질 수 없었을
것이다. 이것이 바로 리쿠르팅이며, 롱런의 기초다. 당신과 고객 사이
에 관계를 하나 더 설정하는 것은 기대 이상의 효과를 가져온다. 그것
이 거미형 영업의 진정한 가치다.

SYTEM
06

무조건 팔아야 한다

몇 달 전에 들었던 이야기 중에서 필자의 뇌리에 지금까지도 생생히 기억되는 것이 있다. 1.5톤 트럭에 생선을 싣고 마을을 돌아다니며 생선을 파는 생선 장수의 이야기였다. 그는 비록 신선도가 떨어져도 "우리 생선은 싱싱하다!"라고 해야 잘 팔린다고 말했다고 한다.

그렇다. 세상에 완벽한 것은 없다. 모든 제도와 상품에는 각기 장단점이 있다. 판매자는 단점도 말할 수 있어야 하지만, 단점만 말해서는 절대로 팔 수 없다. 아마 그런 어리석은 판매자는 세상 어디에도 없을 것이다. 생선 장수처럼 신선도가 좀 떨어졌다 하더라도 팔려면 싱싱하다고 말해야만 한다.

고객 입장에서는 생선 장수가 거짓말을 하는 나쁜 판매자라고 할 수 있겠지만, 최종 구매 결정은 결국 고객이 하는 것이다. 자기 직무에 충실한 판매자에게 어느 누가 돌을 던진단 말인가. 당신의 단점이 다른 사람에게는 장점이 될 수 있고, 당신의 장점이 다른 사람에게는 단점이 될 수도 있다. 그렇기 때문에 어떠한 제품이든 판매가 가능한 것이며, 영업이 가능한 것이다. 사물을 긍정적으로 보는가, 부정적으로 보는가가 영업의 결과를 좌우하는 것이다.

그 사례를 한 번 보자.

몇 년 전 필자는 10년에 일억 원을 만드는 상품에 대한 캠페인을 벌인 적이 있었다. 체육관을 운영하는 개척 가망고객은 일억 원을 만들고 싶은데 10년이라는 기간이 너무 길다고 했다. 기간을 줄이면 월 납입금이 높아지는 것은 당연한 일. 중간에 해약을 하면 원금 손실이 크기 때문에 그는 은행을 선호했다. 그것이 최대 단점이자 계약의 걸림돌이었다.

필자는 그 단점을 장점으로 바꿔 보기로 했다. 고객에게 "지금까지 은행의 5년 만기 적금에 가입해서 끝까지 간 적이 있습니까?" 라고 물었다. 고객은 "별로 없었습니다. 2~3년 후에 거의 해약했습니다." 라고 말했다. 그 이유를 물었더니 경제 형편이 어려워서 그렇기도 하지만, 은행 적금은 언제든지 원금 손실이 없기 때문에 조금만 어려워도 해약을 한다고 했다. "만약 손실를 본다면 해약을 할까요?" 라고 다시 물었다. 고객은 "아니요." 라고 답했다.

그래서 필자는 "그럼 고객님이 10년 만기까지 갈 수 있는 방법은 한 가지네요. 중간 해약 시 원금 손실에 대한 리스크만 있다면 만기까지 가서 원하는 목적자금 일억 원을 만들 수 있겠네요. 중간에 해약했을 때의 원금 손실이 오히려 고객님이 10년 만기까지 갈 수 있는 장점이 되겠군요. 그것이 고객님의 해약 습관을 통제하니까요. 고객님은 자신을 컨트롤할 수 있는 방법이 없기 때문에 스스로 제도적 방법을 선택하는 것이 좋습니다.” 라고 말했다. 그렇게 해서 필자는 5년 내에 해약하면 손실을 봐야 하는 단점을 만기까지 유지할 수 있는 장점으로 승화시켰다. 결국 계약 체결에 성공했음은 물론이다.

이처럼 중간 해약이라는 리스크가 고객에게 목적자금인 일억 원의 꿈을 이루어 주었듯이, 상품의 단점이 오히려 고객에게는 장점이 될 수도 있다. 당신이 어떻게 생각하고 활용하느냐에 따라 모든 것은 장점이 될 수 있다. 긍정적인 생각이 궁극적으로 목적을 달성하는 데 원동력이 되고 열매를 맺게 한다.

긍정적인 생각이 얼마나 큰 성과를 가져오는지는 성경 말씀 중 구약인 신명기에 나오는 여호수아와 갈렙의 이야기에서도 찾아 볼 수 있다.

모세가 가나안을 정복하기 위하여 12명의 정탐꾼을 보냈다. 그리고 정탐 결과를 들었다. 여호수아와 갈렙을 제외한 10명의 정탐꾼은 그곳에 거인이 살고 있으며, 그에 비하면 우리는 모든 것이 부족하고, 그들에 비하면 메뚜기와 다를 바가 없다고 부정적인 보고를 했다. 하지만 여호수아와 갈렙은 그들과는 전혀 달랐다. 거기에는 비록 거인들이 살고 있지만, 그곳에는 하나님이 없다고 했다. 그리고 하나님이 우리와 함께 있다는 사실을 기억하면 승산이 있다고 보고했다. 인간적으로만 보면 10명의 정탐꾼이 했던 보고가 맞다. 하지만 여호수아와 갈렙은 그곳을 정복해야 할 목적이 뚜렷했기 때문에 결국에는 그 땅을 정복했다.

당신도 마찬가지다. 모든 것을 긍정적으로 생각하고 도전할 필요가 있다. 그러면 신도 당신 편이 되어 당신을 도와줄 것이다. 당신은 무조건 팔아야 한다. 상품을 팔든지, 가치를 팔든지 파는 것은 당신의 의무이자 권리다.

다시 만날 약속을 하라

지금까지 당신은 고객 리스트를 작성하고, 전화나 DM으로 만날 장소와 시간을 정한 후 좀 더 효과적인 만남을 위하여 많은 공부를 해 왔다. 하지만 아무리 완벽한 이론이라도 경험을 이길 수는 없다. 수많은 시행착오는 당신만의 요령을 만들어 줄 것이다.

요령이라고 하면 대개 부정적으로 생각하는 사람이 많은데, 사실 요령은 반복적 경험에서 얻어지는 자신만의 비법이라고 할 수 있다. 기본기가 없는 요령이란 존재할 수 없다. 군대를 다녀온 남자들이 가장 많이 들어 본 말 중 하나를 꼽으라면 '요령 피우지 마라.'가 빠질 수 없을 것이다. 그런데 요령, 아무나 피울 수 있던가. 필자가 요령을 강조하는 이유는, 다시 만날 약속을 정하는 데 있어서도 요령이 필요하기 때문이다.

그렇다면 다시 만날 약속을 정하는 데에 있어서 활용이 가능한 요령에는 어떤 것들이 있을까?

• 수첩을 활용해 스케줄을 관리하라.

상품 설명이나 회사 소개 등이 끝나면, 당신은 바로 수첩을 꺼내어 고객이 보는 앞에서 시간을 조율할 필요가 있다. 고객이 보았을 때, '정말 바쁜가 보구나!'라는 인상을 받도록 하는 것이다. 당신이 소중한 시간을 할애한다는 느낌을 받아야 고객은 다음번 약속을 어기지 않을 것이다.

그리고 앞에서도 언급했지만 다음번 약속은 48시간을 넘겨서는 안 된다. 처음 만났더라도 계약을 비롯해 다른 많은 가능성이 있을 경우에는 24시간 후에 곧바로 만나는 것도 좋다.

• 자료를 활용하라.

상품 설명이나 회사 소개 등이 끝나면 반드시 자료를 줘야 한다. 여기서 말하는 자료란 상품 설명서, 회사 카탈로그, 신문 스크랩 자료, 소책자, 정보나 자기계발에 관한 CD 및 테이프 등을 말한다. 특히 소책자나 정보가 담긴 CD 및 테이프를 줄 때에는 다음번에 만날 때 반드시 가지고 오라고 해야 한다. 그래야만 고객은 읽거나 듣는다. 그리고 다음번에는 그것을 가져와야 좀 더 심도 있는 이야기를 나눌 수 있다고 말해야 한다. 소책자나 CD 및 테이프를 다음번 만남의 매개체로 활용하는 것이다.

간혹 48시간 이내에 만나자고 약속했지만, 주변에서 부정적인 정보를 습득한 고객의 경우에는 당신과의 약속을 피할 수도 있다. 그때 다시 만날 수 있도록 만들어 주는 것이 바로 소책자나 정보가 담긴 CD 혹은 테이프다. 고객이 계속 피할 경우에는 우선 만나야만 부정적인 생각을 바꿔 줄 수 있다. 이런 경우, 당신은 부담 없이 연락해서 지난번에 주었던 자료를 다른 고객에게 전달해야 하므로 받아가겠다고 하면 다시 만날 기회를 잡을 수 있다.

• 호기심을 갖도록 연결고리 만들어라.

당신은 상품이나 회사, 리쿠르팅에 관한 설명회나 세미나를 최대한 많이, 자주 개최할 필요가 있다. 그리고 프로모션을 통해 많은 사람들이 참석하도록 해야 한다. 당신의 사업과 계약 체결률을 높여 주기 때문이다. 상품이나 회사 설명을 하다 보면 고객들이 질문을 하는 경우가 있다. 질문이 많다는 것은 관심이 많다는 것이고, 매우 긍정적인 상황이다.

그때, 당신은 고객의 질문에 모두 답해서 자신의 실력과 자신감을 보여 주는 것도 필요하다. 하지만 때로는 아는 질문이라고 하더라도 "좀 더 자세히 알아보고 나서 다음번에 보충 설명을 할 수 있는 자료를 가지고 찾아뵙겠습니다."라고 말해 의도적으로 미루는 것도 좋다. 사람은 자주 만나야 정도 들고 믿음도 만들어진다.

이러한 요령들은 많은 경험을 통해 얻어진다. 상대의 눈빛과 자세를 보면 모든 것을 읽을 수 있다는 말이 있듯이, 요령은 상대의 말과 행동 등 자그마한 것에서 모든 것을 읽고 판단하며 실행하는 근거가 된다. 이처럼 의도적으로 즉답을 피하고 다음번에 찾아뵙고 답을 주겠다고 하면 상대방은 호기심을 가지고 기다리게 된다.

당신은 영업을 하는 데 있어서 원하는 답을 절대로 단번에 얻을 수는 없다. 필자의 경험에 비추어 보았을 때, 대여섯 번의 방문 끝에 계약이 체결되는 경우가 전체의 60~70% 정도 된다. 그렇게 본다면 계약은 장기적인 관리를 통한 지속적인 만남의 결과이다.

계속적인 만남을 통해 성과를 도출하라

1. 끈질김과 끈기의 차이는 무엇인가 | 2. 계속된 만남에서 무엇을 얻을 것인가 | 3. 무한한 신뢰 관계를 형성하라 | 4. 계속적 만남에서 꼭 해야 할 것들 | 5. 상품 설명을 위한 화법 | 6. 리쿠르팅을 위한 화법 | 7. 교육을 곧바로 행동으로 옮겨라 | 8. 작은 것도 그냥 지나치지 마라

끈질김과 끈기의
차이는 무엇인가

영업과 리쿠르팅을 하다 보면 끈기가 무엇보다도 중요할 때가 많다. 그렇다고 해서 고객이 마음의 준비도 하지 않았는데 무조건 들이대는 것은 삼가야 한다. 이 세상에서 가장 무식하게 성공할 수 있는 대학은 '들이大'라고 한다. 들이대는 것은 정말 중요하다. 그러나 무턱대고 들이대는 것은 오히려 일을 어렵게 만든다.

영업은 전쟁과도 같다. 따라서 전쟁처럼 전술과 전략이 필요하다. 즉, 과학이 필요한 것이다. 침대만 과학이 아니라, 영업이야말로 최고의 심리과학이다. 당신이 철저하게 단계별 프로세스에 따라 고객의 취향에 맞는 정보를 활용하고, 시각적 자료와 샘플을 준비하며, 감성을 자극할 수 있는 자필 편지와 고객의 각종 기념일에 이벤트를 챙겨야 하는 이유가 여기에 있다.

몇 년 전 한 보험사를 방문했을 때 이런 문구를 본 적이 있다.

"고객은 손에 잡은 비둘기와 같다."

비둘기는 너무 꽉 잡으면 죽어 버리고, 너무 약하게 잡으면 날아가고 만다. 영업에서 중용이란 이렇게 어렵다. 중용은 타고날 수도 있지만, 99%는 교육과 수많은 시행착오를 통해 얻어진다. 앞에서 언급한 것처럼 고객 관리 요령이 중요한 이유도 여기에 있다.

그런데 고객들은 어떤 영업인에게는 정말 끈질기다고 하고, 어떤 영업인에게는 끈기가 있다고 말한다. 끈질김과 끈기는 그 어감부터가 완전히 다르다. 당신은 어떤 말을 듣고 싶은가? 끈질기다는 소리를 들으면 왠지 고객에게 부담을 준 것만 같아 회의감이 들 것이다. 고객은 왜 계속적인 방문에 끈질기다고 말하는 것일까? 고객에게 별로 도움이 되지 못하고 바쁠 때 찾아가서 귀찮게만 했기 때문이다.

그럼 당신은 어떻게 해야 할까? 앞서 언급했듯이 고객이 하루 중 가장 여유 있는 시간에 찾아가 필요로 하는 정보를 제공하고, 상담을 해 주며, 고객의 감성을 자극하는 자필 편지 및 이벤트에도 관심을 가져야 한다.

단, 여기서 조심해야 할 것이 있다. 어제보다 나은 오늘을 만들어야 한다는 것이다. 성과는 몇 번의 방문으로 얻어질 수도 있지만, 필자처럼 5년을 관리했음에도 불구하고 아직까지 아무런 성과도 얻지 못할 수도 있다. 따라서 당신은 포기하지 말고 지속적인 관리를 통해 어제보다 나은 오늘, 오늘보다 나은 내일을 지향해야 한다.

또한 당신은 취급하는 상품을 구매할 경제적 능력이 없음에도 불구하고 마음이 좋아 모든 영업인들을 환대하는 가망고객보다는 구매 능력은 충분한데 영업사원을 무시하고 박대하는 가망고객에게 관심을 갖고 더욱 과학적으로 접근해야 한다. 일단 구매할 여력이 있다면, 당신의 관리 능력에 따라 충분히 우수고객이 될 수 있기 때문이다.

그렇게 구매할 경제적 능력이 있는 고객이 박대한다면 그것은 당신에게는 오히려 절호의 기회다. 고객이 박대하면 많은 영업인들은 첫 방문에서 50% 이상이 포기하기 때문이다. 다음은 필자가 아는 우수고객 A의 이야기다.

지금은 월 보험료 500만 원 이상을 납입하는 우수고객 A는 처음 사무실로 찾아갔을 때는 무관심의 극치를 보여 주었다. 게다가 별별 트집을 잡으며 면전에서 낯이 뜨거워질 만큼 입에 담을 수 없는 부정적인 말을 해댔다. 그렇게 찬바람이 쌩쌩 불도록 이야기를 하고 나면 영업인의 50%는 다음에 안 찾아온다고 했다. A가 의도한 대로 된 것이다.

그래도 용기 있는 50%는 두 번째로 방문한다고 했다. 그러면 이보다 더 강도를 높여 바쁜 사람 귀찮게 하지 말라고 하면 다음번에는 25%가 방문을 안 한다고 했다. 결국 이렇게 계속 하면 네 번 이상 방문하는 영업인이 거의 없다고 했다.

A는 그렇게 해서 다섯 번을 찾아온 영업사원의 자질을 판단해 상품을 구매한다고 했다. 기다림과 끈기의 결과가 바로 A와의 계약 체결이었다. 어떤가? 너무 달콤한 열매라고 생각되지 않는가.

당신은 이런 고객들에게 좀 더 과학적이고 감성적으로 접근해 철저히 관리해 나갈 필요가 있다. 당신이 쉬우면 다른 영업인도 쉽고, 당신이 어려우면 다른 영업인도 어렵다. 손쉬운 고객, 즉 레드오션에서는 경쟁이 치열하기 때문에 힘들 수밖에 없다. 오히려 이렇게 까다로운 고객이야말로 블루오션이다.

이와 유사한 예가 또 하나 있다. 서울의 남대문 시장에서 개척영업을 하는 영업인 B의 실화다.

B는 도매점을 운영하는 한 자영업자에게 명함을 100장이나 돌리고 나서야 계약을 할 수 있었다고 한다. B는 개척영업을 하기 위해 매일 명함을 돌렸는데, 어느 날 한 고객으로부터 연금보험 100만 원짜리를 계약하겠다고 연락이 왔다고 한다. B가 상담을 하러 방문했더니 고객은 1부터 100까지 숫자를 적은 B의 명함을 보여 주었다고 한다. 그러더니 계약을 하면서 이렇게 말했다고 한다.

"상품은 거의 대동소이하기 때문에 누가 열심히 꾸준히 하는가를 지켜보았습니다."

당신도 마찬가지다. 고객들은 당신의 끊임없는 노력에 보이지 않는 격려를 보내고 있으며, 조금만 더 열심히 해서 자신의 테스트에 합격하기를 바라며 지켜보고 있다.

최근에 필자도 이와 유사한 광경을 목격한 적이 있다.

최근에 서울에 강의차 간 적이 있었다. 지하철을 타고 목적지까지 가는 동안 필자는 부모를 일찍 여의고 고아가 된 한 아이의 애달픈 모습을 보게 되었다. 그 아이는 한 푼의 돈이라도 더 얻어내기 위하여 남다른 방법을 취하고 있었다. 열두 살 내외로 보였는데 먼저 자기의 처지를 적은 종이를 승객들의 무릎 위에 올려놓은 뒤 깊숙이 고개를 숙여 인사를 하고는 약 10번가량 승객들 앞을 왔다 갔다 했다. 그것은 마치 돈을 줄까 말까 망설이는 승객들에게 결정의 시간을 주고 있는 것처럼 보였다. 처음 한두 번 왔다 갔다 할 때는 아무도 지갑을 열지 않았다.

그런데 다섯 번 정도 반복하자 여기저기서 1,000원짜리 지폐를 끄집어내기 시작했다. 그러자 눈치만 보고 있던 승객들도 하나둘씩 주머니에서 돈을 꺼내 그 아이에게 주는 것이 아닌가. 필자도 그때 주머니에 손을 넣어 지폐를 꺼냈음은 물론이다. 불과 몇 분 전에 하모니카를 불고 지나갔던 사람에게는 한 명도 돈을 주지 않았는데 승객들 앞을 몇 번이나 왕복하던 그 아이에게는 앞다투어 지갑을 연 것이다.

필자는 그 아이에게서 해답을 얻었다. 바로 끈기였다. 고객은 선택할 수 있는 정보와 시간이 필요하다. 그 아이는 승객들이 생각하고 판단할 시간을 충분히 주면서 자신의 어려운 환경에 대해 알리고 설득했다. 하모니카를 불며 지나갔던 사람처럼 첫 객차부터 마지막 객차까지 한 번씩만 왔다 갔다 하면서 도와달라고 했다면, 아마 한 푼도 얻지 못했을 것이다. 그것을 본 필자는 머릿속에 번뜩 불이 들어오는 것만 같았다.

영업도 마찬가지다. 당신은 그저 바쁘게만 뛰어다니지는 않았는가.

당신도 그 아이처럼 고객이 생각하고 판단할 시간, 즉 끈기를 갖고 고객이 원하는 정보를 전달하고 고객의 니즈에 맞는 상품을 추천해야만 목적을 달성할 수 있다. 당신은 가망고객에게 몇 번을 방문하고 포기하는가.

필자는 시골에서 자란 탓에 부모님이 밭에 씨앗을 뿌린 후 새싹이 나고 수확하는 것을 볼 수 있었다. 배추와 무는 씨앗을 파종하고 나면 3~4일 만에 새싹이 돋고, 3개월 후면 수확을 한다. 그런데 호두와 같은 유실수는 씨앗을 파종하고 나면 1~6개월 후에 새싹이 돋고, 3~5년 만에 결실을 맺으며, 30년 이상을 수확한다.

영업은 어떤가. 당신의 영업을 한번 돌이켜 보라. 고객을 만나 빨리 성과를 거두는 경우에는 작은 계약이나 부실 계약인 경우가 많다. 그것이 나쁘다는 것은 물론 아니다. 이처럼 성과는 정성과 노력에 비례한다. 그렇기 때문에 당신은 끝까지 포기해서는 안 되며, 어떠한 상황에서든 고객중심으로 영업을 해야 한다. 당신이 만나는 한 명의 고객 뒤에 1,000명의 고객이 숨어 있다.

과천교회의 김기동 목사님이 집사 시절에 했다는 감자와 고구마 전도법은 영업인들에게 많은 것을 시사한다. 당신은 고구마를 삶을 때 젓가락으로 시도 때도 없이 찔러 볼 것이다. 그런데 그렇게 찔러 본 감자나 고구마가 그렇지 않은 고구마보다 빨리 익는 것을 볼 수 있다.

당신도 고구마를 찌르듯이 고객을 많이, 그리고 꾸준히 만나야 한다. 만나는 것도 물론 중요하지만, 상품에 관한 많은 정보를 가지고 만나야 한다. 포기는 배추를 셀 때만 사용하는 것이다. 포기하지 않으면 누구나 성공할 수 있다.

계속된 만남에서
무엇을 얻을 것인가

필자는 잠재고객을 만나면 무조건 명함을 주고받는다. 그러고 나면 스마트폰을 활용해 고객 관리를 시작한다. 저녁 7시까지는 다음과 같은 SMS 문자를 먼저 발송한다.

"소중한 ○○○ 고객님, 귀중한 시간을 할애하여 주시고, 좋은 정보를 제공할 수 있게 해 주셔서 진심으로 감사드립니다. 이 인연을 아름다운 만남으로 승화시키기 위해 항상 옆에서 기도하는 마음으로 최선을 다하겠습니다. 임종익 올림."

그리고 집에 가서 그림이나 배경 음악이 담긴 이메일을 통해 처음 만났을 때의 인상을 칭찬 위주로 해서 두 번째 인사를 한다. 이메일을 보내면 통상 열어 보는 경우는 50% 정도에 지나지 않는다.

그러고 나서 다음 날에는 여유 있는 시간에 정성껏 쓴 자필 편지를 보낸다. 그때는 사무실 봉투 대신 문방구나 문구점에서 산 꽃 모양이 그려진 편지지와 봉투를 이용한다. 직위가 높은 사람의 경우에는 비서나 경리사원이 우편물을 선별하기 때문이다.

다음은 필자가 처음으로 고객을 만난 뒤 쓴 자필 편지의 일부다.

소중한 OOO 고객님!

바쁘신 가운데 귀중한 시간을 할애해 주셔서 감사합니다. 어제 OOO 고객님의 행복한 가정생활에 대해 듣고 나서 집에 와 곰곰이 생각해 보니 부족하지만 지금까지의 경험을 바탕으로 OOO 고객님과 늘 함께하고 싶은 욕심이 생기네요. 어제 만난 OOO 고객님의 강인하고 부드러운 모습에서 한국 어머니의 힘을 볼 수 있었습니다.

(중략)

10월 25일 오전 10시 30분 포항공대 국제관에서 선착순 30명을 초대하여 직무 설명회 및 재테크 세미나를 실시할 예정입니다. OOO 고객님이 행복한 가정의 꿈을 이루고, 늘 지쳐 있는 남편의 어깨를 가볍게 해 줄 수 있는 좋은 기회가 될 것입니다. 부디 소중한 시간을 할애하시어 참석을 부탁드립니다.

(중략)

이렇게 처음 만난 고객에게 자필 편지를 보내면 80% 정도가 감동해 다음번 만남이 수월해진다. 그리고 이를 통해 상품 판매든, 사업 설명(리쿠르팅)이든 결과에 상관없이 지속적인 만남을 이어가게 된다. 자필 편지의 위력이라고 할 수 있다.

계약 체결을 기준으로 했을 때, 그 이전이 계약을 위해 정보를 교류하고 신뢰를 쌓는 기간이라면, 그 이후는 고객이 자신의 결정에 자부심을 가지게 하고, 다른 영업인들과 차별화된 인식을 심어 주는 기간이라 할 수 있다. 당신이 차별화를 항상 마음에 새기고, 연구와 노력을 게을리하지 않으며, 고객과 지속적인 관계를 맺어야 하는 이유가 여기에 있다.

그러면 당신은 이를 통해 소개고객이라는 큰 진주를 얻을 수 있다. 그러기 위해서는 정중히 소개를 부탁하는 것이 물론 필수다. 당신이 알다시피 고객은 아무에게나 소개를 해 주지 않을 뿐만 아니라 가만히 있는 영업인에게는 절대로 소개를 해 주지 않기 때문이다.

그리고 고객은 가까운 사람을 소개해 주었을 때 관리를 잘해 주고, 자신에게 싫은 소리를 하지 않을 만한 사람에게만 소개를 해 준다. 그렇게 보았을 때, 당신은 고객이 소개를 해 줘도 부끄럽지 않을 만큼 모든 면에서 훌륭한 됨됨이를 지녀야 하며, 기존 고객이 상당히 신뢰한다고 판단했을 때에만 소개를 부탁해야 한다.

고객에게 소개를 부탁하는 영업인과 부탁하지 않은 영업인은 실제로 전혀 다른 결과를 낳는다. 당신은 열심히 영업을 하고 있을 것이다. 열심히만 한다고 해서 결과가 좋다면 아무 문제도 없을 것이다. 그러나 현실은 그렇지 않다. 열심히 해도 결과는 그저 그런 것이 문제다. 이를 해결하는 가장 좋은 방법이 바로 적극적인 소개 요청이다.

무거운 돌을 옮겨 본 사람은 알 것이다. 온 힘을 다해 들어서 옮기려고 하면 꼼짝도 하지 않는다는 것을. 이때 활용하는 것이 지렛대다. 무거운 돌이 바로 고객이고 옮기는 것이 결과라면, 지렛대는 무엇일까? 바로 소개다. 소개는 온 힘을 다하지 않고도 탁월한 결과를 가져오는 도구인 것이다. 따라서 당신은 지금부터라도 고객과 헤어질 때 간곡히 소개를 부탁해야 한다.

하지만 이때 유의할 것이 있다. 구체적으로 소개를 부탁해야 한다. 예를 들어, "사모님과 매주 목요일 오전에 골프 연습장에서 만나시는 분이 7명 정도 되신다면서요? 골프 연습이 끝나시면 점심을 드시겠네요. 그때 가장 많이 대화를 나누는 분 중 두 분만 소개를 부탁드립니다."와 같이 말이다. 물론 그전에 정보 수집은 필수다.

개척에는 사실 한계가 있다. 개척은 아무나 하는 것이 아니고, 더욱이 신입들이 하기에는 너무 위험하다. 개척만으로는 롱런을 하기 힘들며, 매달 지독한 스트레스에 시달리다가 영업을 그만둘 가능성이 크다. 개척은 사실 아마추어와 프로의 중간 상태라고 할 수 있다. 프로는 소개를 받는 데에 능숙하다. 물론 개척 고객과도 관계를 맺어 소개를 받아야 하는 것은 당연하다.

하지만 소개는 대체로 기존고객에게서 나온다. 당신도 상대방에게 믿음을 가져야 다른 사람을 소개해 주지 않겠는가. 한 명의 기존고객 뒤에는 백 명, 천 명의 고객이 있다. 따라서 소개를 받고 싶다면 기존고

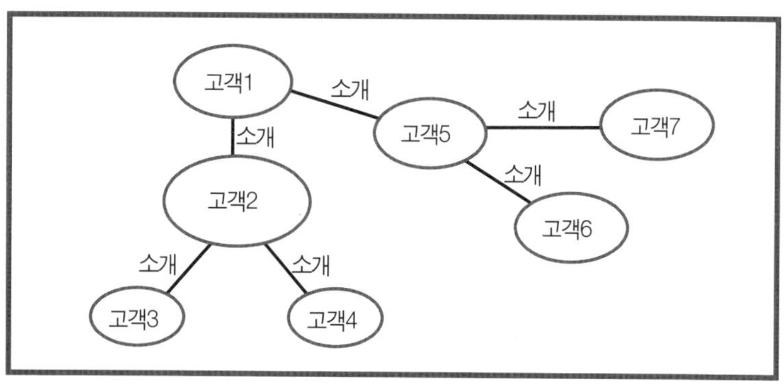

객에게 집중해야 한다.

위의 그림은 소개영업을 통한 인맥 만들기를 도식화한 것이다.

당신은 소개영업의 치밀한 관리를 위해 앞의 원 안에 고객의 개인 정보와 기본 성향, 고객에게 추천하고 싶은 상품, 리쿠르팅 고객으로 배양할 분 등을 적은 다음, 각기 다른 색으로 표시하면 된다. 이렇게 고객 한 명으로 시작한 모든 인맥을 노트 한 장에 그려 놓으면, 소개자 중심으로 계약한 고객과 추진 중인 고객, 리쿠르팅 후보 고객을 색깔별로 분류하여 한눈에 볼 수 있다. 하지만 소개를 받아 방문했을 때는 주의할 것이 있다. 다음 사항들이 그것이다.

1. 소개한 사람의 보험 가입 금액을 물으면 종류 정도와 선택의 필요성만 말할 것
2. 계약자의 개인적 신상에 대한 언급을 피할 것
3. 개인적 사생활에 관한 언급을 피할 것

4. 소개자와 피소개자의 장점만 서로 칭찬할 것

또한 잠재고객이나 기존고객을 만났을 때에도 반드시 피해야 할 것
이 있다. 이성 문제, 정치, 종교, 금전 관계에 관한 이야기는 절대 금기로
여기고 대화의 소재로 꺼내서는 안 된다. 고객이 이에 대해 말을 하더라
도 그저 듣기만 하고, 어떠한 찬반도 피해야 한다. 아무런 도움이 되지
않을 뿐만 아니라 인맥 관계를 깨는 핵심 요소이기 때문이다.

필자는 20~30년을 알고 지낸 고객들을 지금도 정기적으로 만나고,
그들과 통화를 하거나 문자를 보낸다. 고객이 원하는 정보를 준비해서
얼마나 꾸준히 만나느냐에 따라 당신의 영업은 달라진다. 물론 고객을
만나면서 수집한 정보를 수첩에 꼼꼼히 기록해 두었다가 활용해야 지
속적인 만남에서 효과를 볼 수 있다.

무한한 신뢰 관계를 형성하라

계속된 만남에서 가장 중요한 것은 결과에 상관없이 포기하지 않고 고객과 신뢰를 쌓는 것이다. 상대의 돌발적인 질문에 따라 예상치 못한 결과가 생긴다 해도 그것은 최종 결과가 아니다. 결과는 지속적인 만남을 통해 달라질 수 있다. 마치 파도가 높을 때와 낮을 때가 있듯이, 변화무쌍한 날씨 속에서도 생명체가 자라듯이 말이다.

영업에서 최후의 승자는 정해져 있지 않다. 영업은 전쟁보다 치열한 삶의 현장이다. 오늘은 내 고객이던 사람이 내일은 다른 사람의 고객이 될 수도 있고, 오늘은 다른 사람의 고객이었던 사람이 내일은 내 고객이 될 수도 있는 것이 영업이다. 그렇기 때문에 긴장과 노력은 필수다. 영업 현장은 그렇기에 오히려 가능성이 있고, 무한한 창조가 가능한 영역이다.

그렇다면 이렇게 치열한 영업 현장에서 최후의 승자가 되기 위해서는 어떤 스킬이 필요할까? 무엇보다도 남다른 처세술과 상품에 대한 풍부한 지식이 요구된다. 하지만 그러한 스킬에도 불구하고 최후의 승자가 되지 못하는 사람들도 있다. 가장 큰 이유는 '포기'를 하기 때문이다. 어디서든 마찬가지겠지만, 영업의 세계에서는 더욱 그러하다. 어떠한 상황에서도 포기만 하지 않는다면, 언젠가는 승자가 될 수 있는 영역이 바로 영업이다.

초등학생 2명이 있다. 한 명은 중간고사에서 10개 중 1개를 틀렸는데도 울면서 침통해하는 반면, 다른 한 명은 10개 중 5개를 맞았다고 좋아서 자랑한다. 무엇 때문일까? 주관적인 기대치 때문이다. 이와 마찬가지로 어떤 영업인은 10번 방문했는데 결과가 없다고 해서 보험은 안 된다고 포기하는 반면, 어떤 영업인은 10번에 10번을 더해서 결과를 만든다는 각오로 포기하지 않고 끊임없이 스킬을 단련해 성과를 만들어 낸다. 주관적 기대치에 따른 포기의 정도 차이 때문이다. 따라서 당신은 영업을 하는 데에 있어서 절대로 조급해서는 안 된다.

영업은 농부의 마음으로 고객에게 관심을 가지고, 고객을 관리하며 기다려야 한다. 한자로 '쌀 미(米)' 자를 보라. 이것은 벼 이삭을 본뜬 상형문자로서, 쌀을 생산하는 데 88번의 손길이 필요함을 뜻한다. 그만큼 농사 짓는 과정에서는 잔손이 많이 가고 정성을 들여야 한다는 의미다.

영업도 마찬가지다. 우리는 영업에서 과정을 무시한 채 결과를 만들려고 해서는 안 된다. 영업을 하기 위해서는 많은 교육이 필요하지만, 정작 중요한 것은 스스로 경험하고 실천하지 않으면 원하는 결과를 얻을 수 없다는 것이다.

어린 시절에 필자가 살던 시골에서는 누에를 키우는 집들이 많았다. 필자의 친구 중에 양잠업을 하는 부모님을 둔 친구가 있었는데, 등교할 때마다 누에고치를 가지고 와서 가까운 친구들에게 몇 개씩 나눠주곤 했다. 어느 날 필자도 누에고치를 얻어서 집에 며칠 놔뒀더니 세 개 중 한 개가 단단한 껍질을 벗고 부화하고 있었다. 어린 마음에 그것을 지켜보고 있자니 너무나 안타까웠다.

그래서 인위적으로 고치를 가위로 자른 후 나방을 꺼냈다. 그것은 결국 방바닥에서 흐느적거리다가 금세 죽고 말았다. 결국 나머지 두 개는 아버지의 조언을 받아 누에가 스스로 부화할 때까지 기다렸다. 하루가 지나고 아침에 등교하려고 하던 순간, 웬걸? 방 안에서 예쁜 나방이 힘차게 날고 있었다.

영업이나 사람도 마찬가지다. 포기하지 않고 스스로의 경험을 바탕으로 하나씩 터득해 자신만의 요령을 획득해 간다면 아름다운 나비처럼 비상할 수 있다. 당신이 아름답게 비상하는 모습을 만약 리쿠르팅한 영업인이 본다면, 그도 아마 당신을 본받아 성공하는 영업인으로 비상할 것이다. 당신이 성공해야 하는 또 하나의 이유가 바로 여기에 있다.

필자는 중요한 고객이나 계약을 체결한 고객을 인사차 다시 만날 때는 반드시 제3의 장소에서 부부가 함께 만난다. 신뢰를 쌓는 데 큰 도움이 되기 때문이다. 정말 그럴까? 다음은 필자의 사례다.

실제로 필자는 기존 계약자의 소개로 포스코 외주사의 한 임원분을 소개받은 적이 있다. 기존 계약자와의 관계에 힘입어 첫 만남에서 바로 고액의 연금 계약을 체결할 수 있었다. 얼마나 기쁜지 말로 표현조차 할 수 없었다.

한편으로는 아무런 노력 없이 너무 쉽게 계약한 것이 아닌가 싶어 불안감이 들었다. 그리고 사후 관계 형성 등 신뢰를 주는 것이 중요하다는 판단이 들었다. 간혹 남성 고객들이 고액의 계약을 체결하고 나면 며칠 뒤에 청약을 철회하는 전화가 걸려 오곤 했다. 대부분의 이유는 부인들이 자신과 의논도 하지 않고 독단적으로 계약을 했다며 반대하기 때문이었다.

이번에도 혹시나 그럴 수 있다는 생각이 들어 계약을 체결한 후 곧바로 그 임원분에게 부부 동반으로 저녁 식사를 하자고 제안했다. 약속 장소에서 저녁을 먹고 커피를 한잔한 후에 필자가 먼저 계약에서 염려스러운 부분에 대해 언급했다. 임원분의 부인도 그 부분에 동의했다.

그러나 부부와 같이 많은 대화를 나누자 점점 염려했던 부분이 해소되고 신뢰가 쌓이기 시작하면서 분위기가 화기애애해졌다. 그렇게 좋은 분위기에서 식사를 모두 마친 뒤 필자가 계산한 다음에 다시 한 번 부부 동반으로 만나자고 제안했다. 그 후로 장소를 바꿔 가며 서너 번의 만남이 더 있었고, 서로의 집에 한 번씩 초대를 했다.

이 일이 있은 후 필자는 중요하거나 비중 있는 고객들의 경우에는 반드시 부부 동반으로 만나고 있다. 그런데 그 결과가 정말 놀랍다. 상품의 유지는 물론 소개영업이 훨씬 쉽게 진행되기 때문이다.

하지만 부부 동반으로 만났을 때는 가능한 한 많은 말을 하기보다는 경청하고, 상대의 배우자를 칭찬하는 것이 효과적이다. 비즈니스를 확장하고 신뢰를 주는 영업을 위해서 부부가 서로 도울 수 있는 범위를 설정하여 함께하는 것도 매우 중요하다.

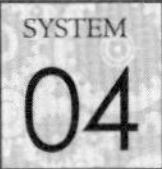

계속적 만남에서 꼭 해야 할 것들

계속된 만남에서 당신이 해야 할 일 중 첫 번째는 고객의 정보를 수집하고, 당신의 정보를 전달하는 것이다. 당신이 유익한 정보를 가지고 고객을 만나지 않는다면, 고객은 당신을 끈기가 있는 사람이 아닌 끈질긴 사람으로 생각할 것이기 때문이다.

잠재고객이나 가망고객을 본격적으로 만나면서 당신에게는 많은 테크닉이 요구된다. 그리고 자존심을 버려야 할 일을 수없이 겪을 수도 있다. 이때부터가 영업에 대해 회의를 느끼고, 자신과의 싸움이 시작되는 시기다. 여기서 많은 영업인들이 포기한다.

하지만 당신은 절대 포기해서는 안 된다. 내일 만남에서 그동안의 노력이 결실을 맺을지도 모르기 때문이다. TV 광고에서 '2%가 부족하다.'

는 카피를 내세운 음료 광고가 있었다. 금을 캐는 노다지 금광맥에서 2미터를 못 캐고 다른 사람에게 이를 판매한 어리석은 사람도 있었다.

이와 마찬가지로, 당신에게 부족한 2%가 지금까지 당신이 들인 98%의 노력을 의미없게 만들 수도 있다. 그러니 영원히 후회하지 말고 거절한 고객을 두 번만 더 찾아가 보라. 고객이 당신을 시험하는 두 번의 고비일 수도 있다.

최고의 공명을 자랑하는 바이올린은 북방 한계선에서 시련을 이겨내고 자란 주목나무로 만들어진다. 순간적으로 실신한 사람을 살릴 수 있는 우황청심환은 아파서 고통받고 있는 소의 쓸개즙에서 그 원료를 얻는다. 세계 최고의 향수도 몸이 아파서 살아남기 위해 사투를 벌이는 돌고래의 힘줄에서 그 원료를 채취한다. 무엇이든 최고는 극한 상태에서 만들어진다.

당신의 성공도 마찬가지다. 지속적인 고객 발굴과 끊임없는 관리와 노력 끝에 성공은 만들어진다. 당신이 수많은 매체를 통해 유익한 정보를 얻어 내고, 스크랩해서 고객에게 정보를 전달해야 하는 이유가 여기에 있다. 또한 고객이 원하는 정보가 무엇인지, 가령 고객이 상속이나 증여에 대한 전문적인 정보나 카운슬링을 원한다면, 스스로 공부하든지 알고 지내는 세무회계사 등을 활용해 정보를 전달해야 한다. 인적 네트워크를 최대한 활용해 정보를 전달하고 Win-Win 전략을 세우는 것도 한 가지 방법이다.

필자는 중년의 나이에 보험을 시작했다. 30대에는 학원을 운영했지만, 건물 주인의 부도로 본의 아니게 접어야 했다. 40대에는 네트워크 마케팅 회사인 암웨이에 가입했다. 네트워크 마케팅은 대단히 매력적이었다. 열심히 공부하고 활동해 다이아몬드 바로 아래 단계인 에메랄드 핀을 취득했다.

거기서 성공의 8단계를 배워 40대 중반에 보험회사에 입사해 제3의 인생을 시작했다. 보험을 시작할 때 많은 분들이 너무 늦었다며 만류했다. 하지만 꿈이 있었기에 다른 사람들이 어렵다는 일에 도전장을 내밀었다. 보험 일을 하면서 교육과 네트워크 마케팅에서 배운 성공의 8단계를 접목해 보았다.

두 가지 과정이 너무나 유사했고, 새로운 시스템을 독창적으로 만들어 낼 수 있었다. 그 결과 슬럼프를 겪지 않고 2년 차부터는 연봉 약 일억 원의 수입을 올리면서 시스템에 대한 자신감을 갖게 되었다. 그리고 보험영업에서 가장 중요한 과정, 즉 고객 관리 및 고객 발굴에서 지속적인 만남 및 정보 수집과 정보 제공을 잘하기 위해서는 질문화법이 가장 중요하다는 결론에 도달했다.

그렇다면 질문을 잘하려면 어떻게 해야 할까? 여기에도 요령이 있다. 필자가 지닌 질문에 대한 가장 기본적인 유형은 'F-O-R-M'이라고 할 수 있다.

- Family: 가족 관계에 대해 질문하거나 가족 개개인에 대한 칭찬을 한다.
- Occupation: 과거, 현재, 미래의 직업 이야기나 직업이 가져다주는

성공에 대해 질문한다.

- Recreation:인생을 즐겁게 보낼 수 있는 일이나 현재 재미있게 하는 취미 등을 질문하며 서로 공유한다.
- Money:경제적 상황에 대해 질문한다.

고객을 만나 'F-O-R-M' 식으로 질문해 보면 가장 기본적인 정보를 수집할 수 있다. 이때 질문에 대한 답변을 듣고 나서 조급한 나머지 그 자리에서 논쟁이나 설득을 하려고 해서는 안 된다. 누구나 논쟁을 하거나 상대방에게 설득당했다는 생각이 들면 기분이 좋을 리 없기 때문이다.

그럴 때는 항상 한발 물러서서 여유를 가질 필요가 있다. 논쟁은 이겨도 지는 것이고, 져도 지는 것이다. 논쟁을 통해 당신이 얻을 것은 아무것도 없다. 논쟁을 하면 사람을 영원히 잃는다는 것을 반드시 기억하고, 긍정적인 답이 나오는 질문을 구사해야 한다.

그리고 "Yes!"나 "NO!"로 답하는 닫힌 질문보다는 대화를 이어 갈 수 있는 열린 질문을 해야 한다. 닫힌 질문은 일회성 답변으로 끝나지만, 열린 질문은 질문에 질문을 더할 수 있다. 열린 질문은 고객에게서 필요한 정보를 수집하고, 고객과 신뢰를 쌓는 데에 매우 중요하다. 훌륭한 질문은 이해를 낳고, 이해는 신뢰를 낳으며, 신뢰는 상대방을 자연스럽게 내 편으로 만드는 설득을 낳는다.

계속된 만남에서 당신이 해야 할 일 중 두 번째는 스폰서 및 회사 프로모션, 자신의 변화된 모습을 최고로 만들어야 한다는 것이다. 당신은 고객과 천국에 갈 때까지 관계를 맺어야 한다. 필자는 개인적으로 20~30년 전에 만난 분들과도 관계를 이어 오고 있다.

지금 함께 일하는 박연주 매니저의 경우에는 30대 초반에 학원을 운영하면서 만난 분이다. 20대 아가씨였던 박 매니저는 어느새 40대 주부가 되었다. 꾸준한 관심과 관계로 지금은 필자와 꿈을 공유하는 업무 파트너가 되었다. 이런 분들과 한 번 인연을 맺으면 좋은 관계로 발전해 서로 신뢰하면서 꿈을 공유하게 된다.

당신도 마찬가지다. 고객을 만나 계약이라는 관계를 맺기 위해서는 무한한 신뢰가 형성되어야 한다. 무한한 신뢰를 얻기 위해서는 많은 시간이 걸릴 수도 있다. 그럴 때 활용하는 것이 바로 지렛대 효과다.

그러기 위해서는 당신보다 성공한 사람이나 영업을 오래한 사람, 상품에 대한 지식이 많은 사람, 당신이 반드시 소개해 주고 싶고 도움을 받고 싶은 사람, 가령 지점장, 팀장, 스폰서 등을 고객에게 진심으로 자랑할 필요가 있다. 터무니없는 자랑은 피해야겠지만, 진심에서 우러난 자랑은 절대 필요하다. 어렵다고 생각되는가? 사실을 잘 포장하면 된다.

당신은 TV 광고를 본 적이 있을 것이다. 제품을 판매하기 위해 15초라는 짧은 시간 동안 최대한 상품의 장점만을 포장해 호기심을 유발한다. 그것이 프로모션이고, 자랑이며, PR이다. 그래서 필자는 약간 우스

갯소리로 PR이라는 말을 다음과 같이 풀이한다.

- P 피할 것은 피하고
- R 알릴 것은 알리자.

그렇다면 무엇을 자랑해야 할까? 다음과 같은 것들이다.

1. 이 분야에서 다양한 경험을 했고, 오랫동안 일했다.
2. 상품 지식이 탁월하다.
3. 항상 바쁘다. 미리 약속을 해야 한다.
4. 우리 회사에서 인정받고 있다.
5. 많은 분들께 소개했는데 모두 흡족해한다.
6. 매번 만날 때마다 깊은 관심을 보여 준다.

이렇게 스폰서를 프로모션한 후 어렵사리 고객과 약속을 정해 만났다면, 이제 당신의 행동이 중요하다. 이런 경우, 고객이 스폰서에게 먼저 인사를 하도록 유도해야 한다. 그래야 기선 제압을 하고 시작할 수 있다. 그리고 나서 스폰서에게 진심을 다해 예를 표하고, 수첩을 꺼내 중요한 것을 메모하는 모습을 보여 줘야 한다. 이때 어떻게 하느냐에 따라 당신의 성과는 하늘과 땅 차이로 달라진다.

SYSTEM
05

상품 설명을 위한 화법

농부가 씨앗을 뿌린 후 수확하기까지는 많은 과정과 시간이 필요하듯이, 계약을 체결하는 데에도 일정한 과정과 시간이 필요하다. 어떤 경우에는 두세 번 만나 계약하는 경우도 있지만, 어떤 경우에는 끝까지 계약으로 이어지지 않는 경우도 있다.

그런데 모두 그런 것은 아니지만, 한두 번 만나 계약이 체결되는 경우에는 불완전 판매나 계약 후 청약 철회의 가능성이 높다. 그에 비해 10번 이상을 만나 서로 신뢰가 쌓이고 고객의 니즈를 충분히 반영한 계약은, 일반적으로 우량 계약을 낳고 소개도 잘해 준다. 따라서 당신은 계약이 진행되는 상황에 대해 일정한 관심을 가지고 대응해야 한다.

가령 두세 번 만에 계약한 고객은 불완전 판매를 예방하기 위해 사후 관리를 해야 한다. 옛말에 "빨리 끓는 냄비가 쉽게 식는다."라는 말이 있지 않은가! 보험영업을 하면서 새삼 뼛속 깊이 깨닫게 된 말이다. 가마솥과 같이 끓기는 힘들지만 한 번 달궈 놓으면 쉽게 식지 않도록 사람에게도 일정한 노력과 관심이 필요하다는 것을 말이다.

다음은 상품 계약을 위해 고객의 마음을 여는 몇 가지 대화 방법이다.

∽ 효에 관한 이야기 – 연금상품 니즈형 화법

우선 고객과 마주 앉은 후 A4 용지를 꺼내 '孝' 자를 중앙에 크게 적는다. 그리고 나서 다음과 같이 대화를 이끌어 간다.

고객님 이 글자가 무엇인지 아시죠? 이 글자는 늙은 부모를 자식이 지고 다니면서 효도를 한다는 것을 한자로 나타낸 것입니다. 옛날 농경사회에서는 물건을 옮기는 최고의 수단이 지게였습니다. 지게는 물건뿐 아니라, 늙어서 다리가 불편한 부모를 지고 온 동네를 돌아다니는 도구이기도 했습니다. 그렇게 부모를 지게에 지고 다니는 것을 보면 마을 사람들이 효자라고 칭찬을 했습니다.

그러나 지금은 효자의 해석이 다릅니다. 요즘은 옛날과 달리 부모님이 효자를 만듭니다. 옛날에는 자식의 됨됨이가 효자를 만들었다면, 이제는 부모님의 재력이 효자를 만듭니다. 여기 '孝' 자를 자세히 보면 '土, /, 一, 子' 로 나눌 수 있습니다. 이것들을 붙여서 해석해 볼까요? 토(土)요일마다 자식(子)이 한 번씩 (一) 부모님을 찾아뵙는 것이 효도이고, 효자를 만드는 것입니다.

그런데 토요일에 자녀가 손자들을 데리고 부모를 찾아오기가 어디 쉽습니까? 주위에서 그런 분들 보셨습니까? 드문 일입니다. 하지만 10년 전에 제게 연금 및 저축을 든 분은 토요일마다 자식이 손자들을 데리고 찾아옵니다. 왜일까요? 슬픈 현실이지만 돈이 있기 때문입니다.

일주일에 한 번씩 찾아오는 자녀와 며느리, 손자에게 매번 10만 원씩 준다면 어떨까요? 자식이 찾아오지 않을까요? 그 광경을 본 이웃 사람들은 부러워하며 자식들을 효자라고 하겠죠. 이것은 부모가 돈이 없으면 불가능합니다.

얼마 전 필자는 극동방송 라디오를 청취하면서 김장환 목사님의 말씀을 들은 적이 있습니다. 바로 아래층에 사는 손자에게 올라와 텔레비전이라도 같이 보자고 해도 오지 않던 아이가 용돈을 준다는 말에 한달음에 달려왔다고 합니다. 결론은 나이가 들수록 자신을 지키는 것은 오로지 돈밖에 없다며 철저한 준비를 하라는 것이었습니다.

고객님도 자녀를 효자 혹은 불효자로 만들 수 있는 능력을 가지고 있습니다. 자녀들이 다른 사람들에게 손가락질을 받는 불효자가 되기를 원치는 않으시죠? 그러면 방법은 한 가지입니다. 지금부터 하루에 만 원씩 모아서 한 달에 30만 원이라도 저축을 하셔야 합니다. 망설이면 늦습니다. 제게 고객님의 정보를 주시면 고객님의 마지막 행복을 지켜 드리겠습니다.

〜 가을 운동회 이야기 ─ 능력 있는 부모가 된다는 것

이 주제도 앞의 효와 마찬가지로 자녀를 빗대어 이야기를 이끌어 가면 된다. 물론 시기적으로 보자면 자녀들의 봄·가을 운동회 시점이 가장 좋을 것이다.

많은 부모들이 열심히 일하는 이유 중 하나가 자녀들, 특히 상속 때문입니다. 우리나라는 세계 어느 나라보다 자녀 상속에 대해 강한 의지를 갖고 있습니다.

간혹 상속해 줄 수 없는 부모들이 상속을 부정적으로 보고, 자기는 능력이 있어도 상속을 안 하겠다고 말합니다. 하지만 저는 정당하게 열심히 번 돈이라면 정당한 절차를 거쳐 자녀에게 상속하는 것이 옳다고 생각합니다.

초등학교 시절 가을운동회를 한번 떠올려 보십시오. 그 시절 가을운동회는 학교만의 잔치가 아니라 마을의 잔치였습니다. 그중에서도 백미는 천 미터 릴레이였습니다. 대여섯 개 동네에서 네다섯 명의 남녀 대표들이 출전하여 각각 200~250미터를 뛰는 릴레이 경기를 재미있게 보셨을 겁니다. 응원하는 사람들은 손에 땀을 쥐고 목이 터져라 응원했죠.

그런데 그때는 몰랐는데 그 당시 릴레이 경기를 떠올리며 부모가 왜 부자가 되어야 하는지를 깨닫게 되었습니다. 릴레이 경기를 보면 1등으로 들어온 주자가 다음 주자에게 바통을 인계하죠. 결국에는 대개 처음에 1등을 했던 팀이 간격을 더 벌려서 우승합니다.

부모의 재력도 마찬가지입니다. 1등을 한 선두 주자처럼 부모의 재력을 기반으로 좀 더 여유롭게 시작하는 것을 어느 부모가 원치 않겠습니까? 같은 출발선에서 뛰어도 이길까 말까 하는 릴레이 경기에서 몇 미터 뒤에서 출발한다는 것은 매우 불리한 조건에서 출발하는 셈입니다.

지금 젊은이들은 사회생활 초년부터 학자금 대출, 주택 구입 대출 등 마이너스에서 시작하는 경우가 많습니다. 만약 부모님이 지금부터 조금만 더 재무설계에 관심을 가지신다면 아이의 미래가 달라질 수 있습니다. 부모의 능력이 부족해 마이너스로 사회생활을 시작한다면 경쟁에서 뒤처질 수밖에 없습니다. 최소한 친구들과 같은 출발선에서 사회생활을 하도록 하는 것이 부모님의 책임이 아닐까요?

필자는 통상 5~8번 정도 고객을 만나면 결과가 보인다. 고객을 계속 만날 것인가 아니면 여기서 만나는 횟수를 줄일 것인가, 계약 체결을 할 것인가 아니면 소개를 부탁할 것인가와 같이 여러 가지 후속 조치와 방향이 정해진다. 그리고 주1회 정기적이고 규칙적으로 방문하다가도 때로는 고객의 심리를 파악하기 위해 한 달 만에 찾아가는 경우도 있다. 그러면 고객들은 다양한 반응을 보인다. 궁금해하는 고객도 있고 '이제 지쳐서 오지 않는구나!'라고 생각하는 고객도 있다.

필자는 매일 지역의 동선을 그려서 방문한다. 그런데 가망고객에게 서너 번 정도 방문해 기초적인 관계를 맺고 니즈를 불러일으킨 후 연금 또는 적금에 대해 이야기하면 대다수는 "경기가 어려워서…", "장사가 잘 안 돼서…"라며 손사래를 친다. 당신도 이런 고객을 무수히 만나봤을 것이다. 이런 경우에는 어떻게 대응해야 할까? 그런 고객들을 만났을 때 필자의 화법을 소개하겠다.

고객님, 지금까지 인생을 살아오면서 어렵지 않았을 때가 있었습니까? 지금 40대가량 되시는 것 같은데, 경기(장사)는 오늘보다 내일이 더 어렵습니다. 그것은 고객님을 무시해서 하는 말이 아닙니다. 저도 쉰 살을 넘기고 보험영업을 10년 넘게 해 왔지만, 고객님들이 경기가 좋다고 말한 적이 한 번도 없습니다. 그럼에도 불구하고 고객님은 10년 동안 장사를 하고 자녀를 키우며 살아오시지 않았습니까?

그 가운데 제 말을 듣고 10년 동안 일억 원의 목적자금을 준비한 한 고객님은 이번에 땅을 구매해서 자가 건물을 지은 후, 세를 주면서 자신의 꿈을 이루셨습니다. 다른 사람들은 경기가 어렵다며 부정적이고 소극적으로 대처하시는데, 그분은 그때 좀 무리해서 준비했지만 지금은 그 목표를 달성했습니다.

그런데 고객님은 여전히 경기 탓만 하고 계십니다. 기간이 길다는 이유로 계속 망설이고 계시고요. 이제 옛날과 비교하면 안 됩니다. 국가의 총 GDP는 늘어나지만, 개인의 GDP는 줄어드는 것이 현실입니다. 왜 그럴까요?

10년 전 고객님이 생필품을 사려면 선택의 여지없이 동네 마트나 시장을 가야 했지만, 이제는 선택의 폭이 너무나 다양합니다. 동네 마트는 물론 할인마트, 홈쇼핑, 인터넷 쇼핑, 모바일 쇼핑 등 다양한 구매 채널로 인해 구매 경로가 분산되었습니다. 수요는 일정한데 구매 방법의 다양화와 유사 자영업자의 폭발적 증가로 인해 개인들의 경기는 더욱 어려워졌습니다. 게다가 소득의 양극화와 인구 감소는 이것을 더욱 부채질하고 있습니다.

고객님, 경기는 오늘이 제일 좋다는 것을 아셔야 합니다. 내일은 더 불확실합니다. 많은 사람들이 장기저축에 대해 거부감을 느낍니다만, 장점도 많습니다. 첫째는 복리 효과, 둘째는 비과세 혜택, 셋째는 적은 원금으로 목돈 마련 등이 그것입니다. 시간은 누구에게나 주어진 공평한 선물입니다. 시간을 잘 활용하면 부자가 될 수 있습니다. 어릴 적에는 시간을 아껴 쓰며 공부하라는 말을 들었지만, 저는 오늘 다시 한 번 '시간은 돈'이라는 말을 하고 싶습니다. 재테크에서 '시간은 돈'이라는 말은 정말 최고의 정답입니다."

그리고 만약 10년이 길다고 하는 고객들이 있다면 필자는 이렇게 끝을 냅니다.

"고객님, 대통령이 두 번만 바뀌면 됩니다."

그러면 고객들은 웃으며 말합니다.

"맞는 말이네요."

여기서 당신은 고객에게 재테크 공식을 짚어 주고 갈 필요가 있다.

$$P = a \times (1+r)^n$$

P : 원리금의 크기, a : 월 불입액, r : 수익률, n : 기간

이 공식에서 목돈를 마련하는 데 통제 가능한 것에는 어떤 것이 있을까? 고객이 통제 가능한 순서대로 한번 알아보자.

- n(기간) : 시간은 하나님께서 누구에게나 공평하게 준 선물이다. 여기서 n은 '+'도, 'x'도 아닌 지수 '승'이다. 지수 '승'은 복리를 말한다. 목돈을 만드는 데 가장 크게 좌우하는 것이 바로 기간이다. 따라서 기간이 장기화되면, 적은 원금으로도 희망하는 목돈를 만들 수 있다.

- a(월 불입액) : 고객이 통제할 수 있는 것은 월 불입액의 크기다. 하지만 경기에 따라 월 불입액은 정하기 어렵다. 특히 장기적인 자녀 교육비나 연금은 월 불입액의 크기가 크면 해약이라는 리스크가 존재한다.

- r(수익률) : 수익률은 고객의 통제에서 벗어나는 편이 낫다. 고객은

금융 및 경제 전문가가 아니기 때문에 수익률에 의존하면 큰 낭패를 볼 수 있기 때문이다. 따라서 r은 전문가들의 통제 속에 두는 편이 낫다. 하지만 전문가들도 급변하는 세계 경제 상황과 국내 시장의 변화에 따라 종잡을 수 없는 경우가 많다. "High Risk, High Return."이라는 말처럼 수익률이 높은 곳에 투자하면 원금 손실의 리스크를 감안해야 한다. 이제는 우리 경제도 선진국처럼 저성장에 돌입했다. 그렇기 때문에 금리 하락은 피할 수 없는 현실이다. 수익률에 기대를 걸 상황이 아니라는 말이다.

그렇게 보았을 때 목돈을 만들기 위한 방법은 고객이 통제 가능한 기간에 달려 있다고 해도 과언이 아니다. 따라서 당신은 내일보다 오늘 시작하는 편이 좋다고 고객에게 권유해야 한다. 그리고 고객의 이해를 좀 더 돕기 위해 기간과 원리금에 관한 실례를 들어 보일 필요가 있다. 실례를 들어 보일 때에는 다음과 같은 그림을 그린 후, 재무 계산기를 꺼내어 목돈 마련에 기간이 얼마나 중요한지 두 사람의 사례를 들어 설명하면 좋다.

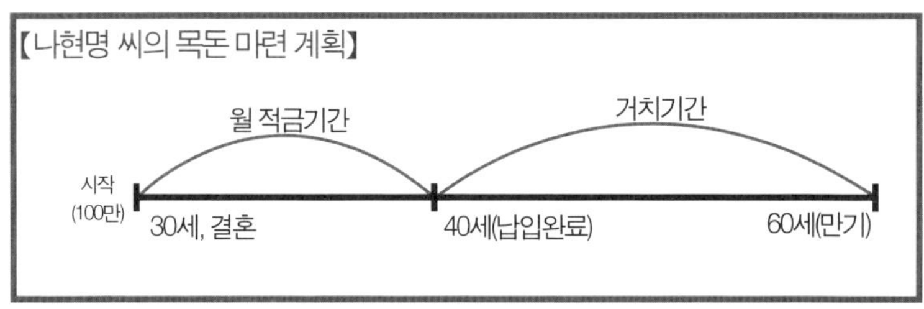

나현명 씨는 서른 살에 결혼과 더불어 매월 100만 원씩 10년간 투자 수익률

이 10%인 상품에 가입하여 40세에 납입을 완료했다. 그리고 20년간 거치한 후 60세에 연금으로 전환하여 총 14억 원이라는 금액을 만들었다. (원금 1억 2천만 원, 총 기간 30년)

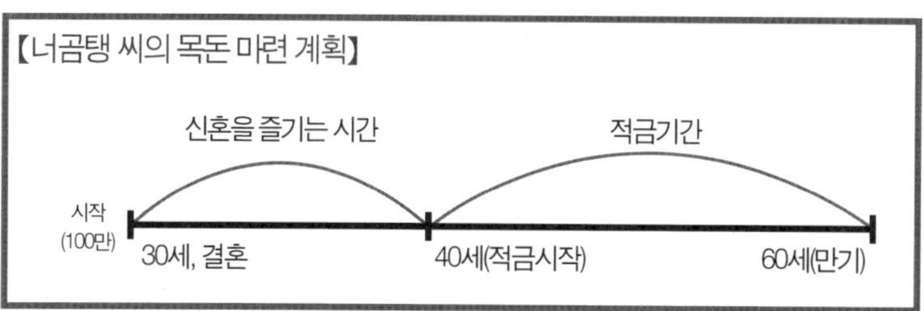

너곰탱 씨는 서른 살에 결혼해 10년간은 남들처럼 신혼을 마음껏 즐기기로 했다. 그리고 40세부터 매월 100만 원씩 20년간을 투자 수익률이 10%인 상품에 가입하여, 거치 기간 없이 60세에 만기금 7억 원을 연금으로 전환하기로 했다. (원금 2억 4천만 원, 총 기간 20년)

앞의 그림에 따르면 너곰탱 씨는 나현명 씨보다 원금 적립 금액이 두 배나 많은 2억 4천만 원이지만, 60세 연금 전환 시점에 적립 금액은 1/2밖에 되지 않는 7억 원을 만들었다. 당신은 여기서 기간에 대한 중요성, 즉 '시간은 돈'이라는 학창시절 선생님의 말씀을 실감할 수 있을 것이다.

필자는 많은 고객들에게 목돈 마련을 위해 '10년에 종자돈 일 억 모으기'를 전도사처럼 알리고 다녔다. 그러나 많은 고객들은 "장사가 잘 되면 그때 하겠다."는 식으로 계속 미루는 경우가 많았다. 그러면 필자는 이렇게 말했다.

“목돈 마련은 5~10년 이상의 장기 상품입니다. 그 기간 동안 해약 없이 목적자금을 만들려면 일 년 중 장사가 제일 안 되는 시점에 최저 금액으로 시작해야 합니다. 그래야 중도 해약하지 않고 소정의 목적자금을 만들 수 있습니다.”

그래도 망설이는 분이 계시면 '~하더라 화법'을 사용했다. 어느 시장에 있는 고객은 이런 말을 했다. 공부 잘하는 학생, 운동 잘하는 학생, 부자(연금 준비를 잘해 놓은 사람)에게는 공통점이 있다고 말이다. 첫째로 부모님이나 선배의 경험을 자신의 경험으로 승화시킨다는 것, 둘째로 장기간 꾸준히 한다는 것, 셋째로 허리띠를 졸라 맨다는 것이 그것이었다.

〜 산(産)테크와 재(財)테크

이제 재테크 시대에서 산테크 시대로 눈을 돌려야 할 때가 왔다. 산테크란 재테크와 달리 월급처럼 매달 돈이 들어오도록 재무 설계를 하는 것을 말한다. 100세 시대가 왔다고 해서 그저 좋아만 할 일만은 아니다. 의학과 과학의 발달로 인간의 수명은 곧 120세가 될 것이라고 한다. 이로 인해 모든 것은 5~20년가량 지연되었다. 결혼 적령기도 25세에서 30세, 평균 수명도 80세에서 100세로 미뤄졌다.

그런데 한 가지 앞당겨진 것이 있다. 바로 정년이다. 비록 정년은 앞당겨졌지만, 당신은 60대부터 제2의 인생을 다시 시작해야 한다. 60대부터 인생을 다시 시작하기 위해 당신은 무엇을 어떻게 준비할 것인가. 이는 비단 당신만의 문제가 아니다. 고객의 문제이기도 하다. 그들에게도 장수는 축복이 아니다. 준비되지 않은 장수는 암보다 무서운 재앙이다.

그럼 무엇을 어떻게 준비해야 할까? 많은 것이 필요하겠지만, 이 책의 주제에 맞게 산테크와 재테크의 실례로 고객에게 연금의 중요성을 강조해 보겠다.

고객님은 60세 이후 먹고사는 것에서 자유롭고 싶으시죠? 그것도 매달 급여처럼 정해진 날 비가 오나 눈이 오나 어김없이 통장으로 들어온다면 금상첨화겠죠? 과연 그런 것이 있을까요? 급여처럼 정해진 날에 들어오는 것이 물론 있습니다. 재테크를 열심히 해서 건물을 구입한 후 받는 임대료가 그것입니다. 이것도 일종의 산테크지만 진정한 산테크는 아닙니다.

진정한 산테크는 다음 조건을 충족해야 합니다. 첫째, 비가 오나 눈이 오나, 경기가 나쁘나 좋으나 정해진 날에 들어와야 합니다. 둘째, 항상 일정한 금액이 들어와야 합니다. 셋째, 무조건 자신의 통장으로 들어와야 합니다. 넷째, 죽을 때까지 들어와야 합니다. 그 조건을 충족하는 것은 세상에 하나밖에 없습니다. 바로 고객님이 준비한 연금입니다.

연금이라는 놈은 젊었을 때 나를 위해 강제적으로 통장에 입금한 작은 놈의 어른입니다. 끝까지 자신을 정말 사랑하고 사랑받기를 원하신다면 연금이라는 놈과 지금 사귀어 놓아야 합니다.

여기에 재테크를 잘하신 80대 노인과 산테크를 잘하신 80대 노인을 비교해 보겠습니다. 두 분 다 노후에 풍족한 돈을 갖고 있다는 점에서는 공통점을 가집니다. 젊었을 때 재테크를 잘해서 60대에 50억 원가량의 빌딩 및 각종 부동산을 소유한 A와 산테크를 잘해서 60대에 연금으로 매월 500만 원씩이 들어오는

B가 80대가 되었을 때의 삶을 가정해 보겠습니다.

그러고 나서 당신은 본격적으로 A와 B의 노후에 대해 설명을 해 나가야 한다. 먼저 A에 대한 설명이다.

A와 B 모두 80대에 불행히도 노인성 질환인 치매에 걸려 최고 시설을 자랑하는 요양원에 들어가게 되었습니다.

먼저 A는 치매로 인해 자기 소유의 부동산이 어디에 어떻게 있는지, 임대료는 언제 얼마나 나오는지 모릅니다. 자녀들도 생활에 바쁜 나머지 관리가 안 되는 상황입니다. 하지만 당장은 재산이 있기에 자녀들은 시설 좋은 요양원에 A를 위탁했습니다. 처음에는 자녀들이 주말에도 잘 내려왔습니다. 알다시피 치매는 호전되기가 어려워 요양원에 몇 년을 있어야 할지 모릅니다. 그런 상황에서 재산을 상속받기 위해 자녀들은 열심히 주말마다 병원을 방문합니다.

하지만 월 300만 원이 드는 병원비를 감당하려면 결국에는 부동산을 하나둘씩 처분할 수밖에 없습니다. 자녀들 입장에서는 이렇게 병원비로 매년 수천만 원이 지출되면 상속분이 줄어든다고 생각할 수밖에 없습니다. 이제는 빨리 죽지 않는 부모가 찌증나 요양원에 들르는 것도 점점 뜸해지게 됩니다. 그러면서 형제간에 잦은 다툼이 일어나 서로 간 정이라고는 찾아볼 수도 없게 되고, 어느새 부모가 빨리 죽기만을 기다리는 상황이 됩니다. 재테크에만 치중한 분의 가상 노후 시나리오입니다.

A에 대한 설명이 끝났다면, 이제 B에 대한 설명으로 넘어가야 한다.

다음은 B에 대한 설명이다.

그럼 젊었을 때 산테크를 한 B의 가상 시나리오를 한번 보겠습니다. B는 젊었을 때 부동산에 투자하여 재산을 증식하는 대신 매월 불입액 300만 원의 연금을 30대부터 가입해 60대에는 매월 500만 원씩 수령하도록 해 놓았습니다. 역시 B도 80대에 노인성 치매에 걸려 자녀들은 최고 시설의 요양원에 모셨습니다.

병원비가 상당했지만, 정해진 날짜에 매월 500만 원이 꼬박꼬박 B의 통장에 입금됩니다. 자녀들 입장에서 보았을 때, 부모님이 하루라도 오래 살면 살수록 연금을 더 오래 받게 되는 것입니다. 월 500만 원 중 300만 원은 병원비, 나머지 200만 원은 며느리의 생활비, 즉 손자의 교육 자금으로 충당되니 며느리 입장에서는 할아버지를 극진히 간호하겠죠. 며느리가 다른 직장에 다녀 봤자 월 200~300만 원을 받을 수 있는 곳이 얼마나 있겠습니까?

자녀의 입장에서 보자면, 부모의 연금 중 일부는 순전히 본인들의 가정경제에 도움이 될 수밖에 없죠. 그렇기 때문에 부모님이 하루라도 오래 살도록 지극정성으로 모실 것은 당연합니다. 이런 A와 B의 광경을 주위 사람들이 보았을 때, 내막은 몰라도 A의 자녀는 불효자식으로 낙인찍히겠지만, B의 자녀는 둘도 없는 효자로 칭송받게 됩니다.

따라서 고객님도 지금부터 산테크에 관심을 가지셔야 합니다. 40세까지는 돈을 모으고, 50세까지는 굴리고, 60세부터는 지켜야 합니다. 해답은 연금입니다. 재테크와 산테크의 균형적인 포토폴리오를 위해 제가 금융 주치의로서 도와드리겠습니다.

이러한 화법을 통해 상품을 설명하면 고객을 이해시키고, 설득시키는 데 아주 유용하다. 비유와 은유, 비교 등을 통해 상품을 설명하면 고객은 머릿속에 그림을 그리듯 상상을 할 수 있어 선택을 훨씬 용이하게 이끌어낼 수 있다.

SYSTEM 06

리쿠르팅을 위한 화법

상품 설명과 마찬가지로 리쿠르팅에서도 당신은 시간을 가지고 그것을 염두에 두어야 후보자 발굴 과정에서 상처를 덜 받을 수 있다. 당신의 말에 쉽게 회사를 옮기는 사람은 또 다른 곳으로도 쉽게 옮겨갈 수 있다. 따라서 쉽게 결단을 내리기보다는 신중하게 고민하고 지속적인 관계를 통해 어렵사리 리쿠르팅을 한 후보자가 더 훌륭한 자원일 수 있다.

그렇다면 리쿠르팅을 위한 화법은 어떻게 해야 할까? 다음을 참고하기 바란다. 많은 리쿠르팅 후보자들이 보험은 이제 포화 상태라면서 시작하기에는 너무 늦었다고 말하는 경우가 있다. 이때 필자는 다음과 같이 비가 온 뒤 미꾸라지를 잡았던 경험을 바탕으로 이야기를 진행한다. 몇 년 전 처음으로 영업을 할 때의 영업에 대한 시스템 정립 및 상품 개발, 급변하는 금융 환경 및 노후와 각종 보장자산에 대한 니즈를 현재 상황과 비교하면서 지금이 오히려 최고의 기회라고 강조한다. 늦었다고 생각할 때가 제일 빠르다는 말도 있지 않은가.

⤳ 장마가 온 후에…

얼마 전 포항에 15년 만에 다나스라는 10월 태풍이 왔습니다. 다행히 별 피해 없이 비만 좀 뿌리고 물러갔습니다. 그런데 옛날 시골에서는 이렇게 비가 오고 나면 미꾸라지를 잡으려고 어린이, 어른 할 것 없이 삼삼오오 소쿠리와 그물을 가지고 도랑으로 모여들었습니다. 가을 추어탕이 보양식이기 때문이었죠.

그 모습을 떠올리니 어린 시절에 농로 옆 개울가에서 미꾸라지를 조금이라도 많이 잡기 위해 친구들이랑 경쟁하듯이 여기저기 뛰어다녔던 기억이 주마등처럼 스쳐 가네요. 지금 생각해 보면 어린 마음에 한 마리라도 더 잡고자 많은 욕심을 부렸던 것 같습니다. 더 많이 잡으려고 다른 사람들이 잡지 않은 곳에 그물을 내리면, 미꾸라지는 별로 없고 억센 풀에 손과 다리에 상처만 날 뿐이었죠.

그런데 미꾸라지를 가장 효율적으로 잡는 방법이 있습니다. 뭔지 아세요? 남들이 서너 번 훑고 간 곳에 가면 가장 많이 잡을 수 있습니다. 처음 잡으려고 들어간 사람이 개울 양 옆에 무성하게 자란 억센 풀을 제거해 줘서 잡을 공간을 확보할 수 있을 뿐만 아니라 물이 어느 정도 탁해져서 고기들이 숨 쉬기가 곤란한데다 고기들이 잡히지 않으려고 이리저리 피하다 보니 지쳐 있기 때문입니다. 이처럼 기회란 일찍 오기만 하는 것은 아닙니다. 기회는 언제나 당신과 함께하기를 기다리고 있습니다. 지금이 당신에게 온 인생의 세 번의 기회 중 한 번일 수 있습니다.

이와 더불어 필자는 지구촌 사람들이 가장 좋아한다는 축구를 통해 후보자를 설득하기도 한다. 축구는 인생의 축소판과도 같아서 비유를 하기에도 그만이다. 특히 전반전, 휴식 시간, 후반전이라는 경기 진행의 특성을 활용하면 더욱 흥미를 자아내고, 몰입도도 높일 수 있다.

〰 축구 경기 이야기

얼마 전 홍명보호가 브라질과 친선 경기를 치루는 것을 보셨죠? 축구 경기는 전반전 45분, 후반전 45분 그리고 휴식 시간 15분으로 이루어져 있습니다. 전반전이 끝나면, 감독과 선수들은 휴식 시간 15분을 금쪽같이 보낼 것입니다. 에너지를 재충전하고, 피곤한 근육도 마사지하면서 후반전을 준비하겠죠.

그런데 이보다 더 중요한 것이 있습니다. 감독은 전반전 결과를 면밀히 분석해 후반전에 대한 전략을 짜고, 선수들에게 전술적 지시를 할 것입니다. 우리 인생도 전반전과 후반전이 있습니다. 오늘 리쿠르팅 후보자로 오신 고객님도 나이로 보아 하니 전반 45분을 열심히 뛰신 것 같습니다. 이제는 저와 함께 후반 인생을 승리로 마무리하기 위한 수단으로 보험영업이 적합한지, 비전이 있는지 한번 알아보는 시간을 가져 보았으면 합니다.

축구 경기에서 15분의 휴식 시간처럼 한 달 동안 저와 함께 저희 회사의 각종 자료를 보시는 건 어떠세요? 후보자 시험에 합격한 후 기본 교육까지 들어 보고, 그때 본인의 종합적인 판단에 따라 결정하시면 됩니다. 인생에서는 세 번의 기회가 온다고 합니다. 혹시 오늘 저와 만난 것이 세 번의 기회에 포함될 수도 있습니다.

그러니 여유를 가지고 공부해 본 다음 선택해 보세요. 성급한 결정과 행동으로 기회를 놓칠 수도 있습니다. 지금이 당신에게는 기회가 될 수 있습니다. 금 중에서 가장 중요한 금이 바로 '지금'이라는 것을 명심하시고 저를 한번 믿고 따라와 보세요.

지금까지 상품 설명과 리쿠르팅을 할 때 활용할 수 있는 화법에 대해 알아보았다. 물론 이런 화법 외에도 당신은 다른 수많은 화법들을 개발할 수 있을 것이다. 하지만 화법 개발에서 중요한 것이 있다. 생활 밀착적이고, 상대방의 흥미를 불러일으킬 수 있어야 한다. 최근 유행하는 스토리텔링 기법을 활용하면 금상첨화다. 마지막으로 상대를 설득할 수 있도록 적절한 비유를 활용하는 것도 좋은 방법이다.

리쿠르팅 후보자에게 활용할 수 있는 화법을 하나 더 소개한다.

〰 유능한 사냥꾼 이야기

저는 어린 시절 동네 형들과 함께 산짐승을 잡기 위해 뒷동산에 오르곤 했습니다. 온 산천을 헤매고 다니면 며칠 전 놓아둔 덫에 토끼나 고라니가 걸려 있었죠. 어떤 형들은 일주일에 한두 마리의 산토끼를 잡았지만, 대부분의 형들은 수확이 거의 없었습니다.

그때는 몰랐지만 지금 가만히 생각해 보면 잘 잡는 형과 못 잡는 형에게는 차이가 있었습니다. 잘 잡는 형은 산짐승의 습성을 파악하고 있었던 거죠. 사실 산짐승들은 언제나 같은 길을 지나다닙니다. 그런 습성을 깨달은 형들은 동물이 많이 오가는 길목에 덫을 놓았습니다.

그리고 언젠가는 산짐승들이 그곳을 지나갈 것이라는 확신으로 며칠을 기다렸습니다. 결국은 동물들이 그곳을 지나갔고, 형들은 짐승을 잡아 의기양양하게 집으로 돌아갔습니다. 하지만 동물의 습성을 깨닫지 못한 형들은 여기저기 뛰어다니며 더 많은 덫을 놓았음에도 불구하고 한 마리도 잡지 못했습니다.

지금 돌이켜 보면 유능한 사냥꾼은 동물들이 지나다니는 길목에서 동물이 다시 올 것이라는 확신을 갖고 기다려서 잡을 수 있었던 것입니다. 그러나 유능하지 못한 사냥꾼은 동물들의 뒤만 계속 따라다니면서 허송세월만 했던 것입니다.

이러한 예시를 통해 당신은 성공하는 사람과 그렇지 못한 사람의 경향을 리쿠르팅 후보자에게 설명할 수 있다. 성공한 사람은 한 번 선택한 직업이나 직장에 대한 믿음을 갖고 집중해서 일하며, 성공하지 못한 사람은 선택한 곳에 집중하지 못하고 자꾸 다른 곳에 신경을 쓰다가 이직을 한다고 말이다.

이러한 화법은 실생활에서 끄집어내는 생활의 지혜라고 할 수 있다. 이것을 당신의 혜안이나 요령과 접목시켜 상대방을 설득하는 데에 활용한다면 훨씬 강력한 도구가 될 것이다.

교육을 곧바로 행동으로 옮겨라

인류 최고의 난치병이라는 암은 한문으로 '癌'이라고 쓴다. 모두가 알다시피 한자는 상형문자로, 癌을 보면 '口(입 구)' 자가 세 개에 '山(뫼 산)'과 '역(疒)'이 있다.

그런데 이것을 풀이해 보면 정말 재미있다. '口 자가 세 개 있으므로 먹고, 또 먹고, 태산같이 먹고 밖으로 나가지 않는 것이 암이란다. 즉, 암은 먹기만 하고 활동을 하지 않은 탓에 우리 몸에 필요 이상의 열량이 축적되면서 내장의 지방화가 진행되어 비만이 되면 걸린다는 것을 형상화한 것이다. 따라서 암에 걸리지 않으려면 먹는 것도 조절해야 하지만 활동량도 늘려야 한다.

그렇다면 의사들이 말하는 암의 원인은 무엇일까? 각종 스트레스와

대기오염, 즉석식품 등을 주된 원인으로 든다. 그리고 또 하나 아주 중요한 것이 있다. 바로 불규칙한 생활이다. 그 때문인지는 몰라도 암세포는 일명 '미친 세포'로 불린다. 규칙이 없고, 언제 어디로 튈지 예측할 수 없다. 그래서 암세포는 인류 최고의 난치병이라고 불리는 것이다.

최근 사회문제로 대두되고 있는 기후 변화도 마찬가지다. 그것이 큰 문제로 여겨지는 이유는 바로 불규칙성 때문이다. 어떤 때는 국지성 폭우가 쏟아지고, 어떤 때는 한 달 내내 푹푹 찐다. 그러다 보니 대응이나 통제가 전혀 되지 않아 큰 피해를 입는 일이 다반사다.

그런데 영업에도 암이나 기후 변화처럼 무서운 것이 있다. 정신적인 암, 교육적인 암이다. 요즘 영업인들은 회사의 특별 교육, 조회시간 교육, 각종 세미나와 책, 동영상 등을 통해 많은 교육을 받는다. 가히 '교육의 홍수'라고 할 정도다.

하지만 정작 교육을 귀찮아 하고, 그것을 현장에 접목하지 못한 채 실행을 차일피일 미룬다. 그러다가 실행이 좌절되고 거절이 두려워져 행동하는 것을 포기한다. 특히 설계사 입문 시험에서 100점을 맞은 사람 중에 그런 사람이 많다. 이론은 잘 알지만 행동이 늦고, 거절을 두려워하며, 행동하기 전에 결과를 미리 예상하고, 자신의 자존심을 먼저 생각하기 때문이다. 그래서일까. 설계사 입문 시험에 겨우 합격한 사람들이 오히려 실행에 강하고 결과가 훌륭한 것을 볼 수 있다.

세상만사에는 인풋이 있어야 아웃풋이 나오는 법이다. 거절을 두려

위해서 아웃풋이 없으면 안 된다. 거절을 빨리 잊고 당신이 기억해야 할 것은 성공이다. 각 분야에서 성공한 사람들은 많은 어려움과 거절을 당했지만, 당당하게 극복한 사람들이었다. 영업 달인이라는 영광은 무수한 거절과 어려움 속에서 싹을 틔우고 이룬 것들이었던 셈이다.

많은 사람들이 기억하는 것은 거절과 실패가 아니라 그 속에서 피어난 성공의 꽃이다. 세상에서 가장 아름다운 꽃은 가장 더러운 곳에서 피어난 연꽃이라고 한다. 이와 마찬가지로 세상에서 가장 오래 기억되는 꽃은 거절 속에서 자라난 성공의 꽃이다. 지금이 성공의 꽃을 피울 때다.

간혹 영업인들이 이런 사실을 알고 있음에도 불구하고 활동이 불규칙적이고 불확실한 것을 본다. 교육을 받는 데에 있어서도 마찬가지다. 앞에서 말했듯이, 암은 불규칙한 생활 습관과 식습관 등이 큰 영향을 미치는 인류 최고의 난치병이다. 활동과 교육이 불규칙하고, 불확실한 것은 영업을 하는 당신에게 있어서 암적인 것이다. 마음 내키는 대로 활동하고 교육을 받으면서 성과를 기대하는 것은 하늘에서 별을 따는 것과 같다.

최고의 영업 달인으로 불리는 현대자동차의 최진성 차장이나 삼성생명의 예영숙 상무를 보라. 그들은 비가 오나 눈이 오나 자신들의 컨디션을 조절해 규칙적인 활동과 교육을 통해 계약과 성과라는 확실성을 담보했다. 그렇게 보았을 때 그들은 영업 달인을 넘어 자기계발의 달인, 도전과 실행의 달인이라고 할 수 있다. 영업은 규칙적인 활동과 교육을 통해 불확실한 계약을 확실하게 성과로 만들어 가는 과정이다.

작은 것도 그냥 지나치지 마라

영업을 하러 돌아다니다 한 학원의 간판을 우연히 보았다. '다올림 수학'이라는 수학 전문 학원이었다. 예전에 학원을 운영해서 그런지 몰라도 필자는 학원 간판을 그냥 지나치지 못한다.

'다올림 수학이라… 저 간판만 보고 과연 학부모들이 저 학원에 학생들을 보낼까? 물론 잘 가르친다면 모르겠지만, 간판만 봤을 때는 뭔가 좀 어색해.'

'다'를 '더'로 바꾸면 학부모들에게 항상 노력하는 좋은 이미지를 심어 주지 않을까 하는 생각이 문득 들었다.

여기서 '다'와 '더'의 차이는 상당히 크다. 먼저 '더'를 살펴보자. '한 집만 더, 조금만 더'와 같이 '더'라는 부사는 뭔가 부족해서 노력하는 강한 의지와 신념은 물론 뭔가 더 성취하고 싶은 욕구가 내포되어 있다. 또한 진행형이고, 진취적이며 현재의 삶의 목표를 끌어올리기 위한 지속적인 도전정신을 담고 있다. 조금 부정적인 측면으로는 주위 사람들을 피곤하게 만들 수 있다는 것이다. 반면 '다'는 만족과 끝을 나타낸다. '다 했다'에서 볼 수 있듯이 부지런함보다는 게으름을 표현하며, 교만의 뜻을 담고 있다.

당신이 영업의 세계에서 항상 가슴속에 담아 두어야 할 단어는 '다'보다는 '더'라고 할 수 있다. 한 집이라도 '더', 한 시간이라도 '더', 한 장의 전단지라도 '더' 고객들에게 전하기 위해 포기하지 않는 마음가짐이 필요하다.

다음은 필자가 간판을 보고 계약을 체결한 이야기다. 영업에 몰입하다 보면 모든 사물이나 소재를 영업과 연관시킬 때가 있는데, 바로 이런 경우라고 할 수 있다.

한 번은 영업을 하면서 횟집 간판을 본 적이 있었다. '어(漁)사랑'이라고 적혀 있었다. 간판만 보고 해석한다면 물고기를 사랑한다면서 살아 있는 물고기를 죽여서 회를 만드는 셈이다. '과연 그것이 물고기를 사랑하는 것일까?'라는 생각이 들었다. 갑자기 마음속에서 간판에 대한 거부 반응이 일어났다.

간판 이름이 '어(漁)사랑'보다는 '회사랑'이 어떨까 하는 생각이 들었다. 그래서 횟집에 들어가서 커피 한 잔을 얻어 마시면서 주인과 마주 앉아 이런저런 이야기를 나누었다. 그러다가 조심스럽게 간판에 대한 생각을 말했다. 옆에서 가만히 듣고 있던 사모님이 맞장구를 치셨다. 그리고는 고맙다며 다음번에 이곳을 지나면 꼭 들러 달라고 하셨다. 3시 이후는 한가하다고 덧붙이면서 말이다.

그로부터 며칠 뒤 직원들과 함께 회를 먹으러 들르게 되었다. 그런데 깜짝 놀라지 않을 수 없었다. 횟집 주인의 결단력이 실로 대단했기 때문이다. 횟집 이름이 바뀌져 있었던 것이다. 직원들과 맛있게 회를 먹고 계산을 마치고는 가게 밖을 나서는데, 횟집 주인이 쫓아왔다. 그러더니 내일 3시경에 꼭 방문을 해 달라고 요청했다.

영문을 모른 채 필자는 다음 날 3시에 횟집을 방문했다. 그런데 다시금 놀라지 않을 수 없었다. 식당을 개업한 지 3개월 정도밖에 지나지 않았는데 퇴직금과 같은 개념으로 적금을 넣고 싶다고 했기 때문이다. 결국 횟집 주인과 월 100만 원씩 10년 계약의 연금보험을 체결했다.

영업은 이처럼 주변의 모든 것에 관심을 가지고 항상 고객에게 어떻게 좋은 이미지로 관계를 맺을까를 연구해야 하며, 고객의 입장에서 생각해야 한다. 그러면 생각지도 않았던 과실이 불쑥 당신 앞에 뚝 떨어진다. 바로 성과라는 과실 말이다.

멘토와 상담하라

1. 먼저 배우기를 청하라 | 2. 당신의 멘토를 만들어라 | 3. 솔직하라 | 4. 결과보다 과정을 중시하라 | 5. 튼튼한 조직, 상담을 통해 만들어라

SYSTEM

01

먼저 배우기를 청하라

영업에서 성과를 바로 만들어 내기란 쉬운 일이 아니다. 보통 5~10회의 만남 끝에 성과를 맺는다고 말하지만, 5년을 만나도 성과로 이어지지 않는 경우도 있다. 그리고 때로는 한 고객이 여러 건의 상품을 구입하기도 하고, 많은 가망고객을 소개해 주는 경우도 있다. 이는 기본적으로 영업인의 자세에서 비롯된다.

그렇다면 영업인의 자세는 어디에서 나오는 것일까? 많은 교육과 독서, 상품에 대한 해박한 지식, 꾸준한 자기관리 등에 의해 길러진다. 그리고 하나 더, 멘토와의 상담이 있다. 여기서 멘토란 지점장, 팀장과 같이 본인의 영업 실적과 직접적인 연관된 사람으로 당신보다 뛰어난 사람을 의미한다.

그렇다면 상담자(멘토)와 피상담자(멘티)의 상담은 어떻게 이루어져야 할까? 다음은 상담을 할 때 반드시 지켜야 할 원칙들이다.

• 서로 솔직해야 한다.

솔직하지 않으면 아무런 효과도 기대할 수 없다. 진실을 숨긴 채 가식적으로 진행하는 상담은 시간 낭비에 불과하다.

• 피상담자가 먼저 원하는 것이 효과적이다.

이심전심이란 말도 있듯이, 말하지 않으면 알 수 없는 것이 사람의 마음이다. 말을 해야 상대방도 알 수 있다. 따라서 당신에게 상담이나 코칭이 필요하다면 먼저 손을 내밀어 신청해야 한다. 팀장이 먼저 제안해서 진행하는 것은 의무감으로 다가올 수밖에 없다. 의무로 하는 일에 신경을 쓰는 사람은 거의 없다. 자발적인 행동은 당신이 어디서, 무엇을 하든 유효하다.

• 기본에 충실한 사람에게 받아야 한다.

팀장이나 자기를 후원한 스폰서라 해도 기본에 충실하지 않은 사람에게는 가급적 상담을 피해야 한다. 그럴 경우에는 차라리 지점장과 하는 편이 낫다. 상담은 자신의 영업 과정이 올바른지 확인하고, 착실히 성과를 내기 위해서 하는 것이다. 이를 위해 먼저 경험했던 멘토를 반면교사하는 것이다. 따라서 코치나 멘토의 역할이 무엇보다도 중요하다. 운동 경기를 보라. 대체로 훌륭한 코치가 훌륭한 선수를 양성하지 않던가.

- 상담자는 긍정적 질문과 대답을 유도해야 한다.

상담을 마치 자아비판처럼 진행하는 경우가 있는데, 이것은 바람직하지 않다. 상담은 말을 물가로 끌고 가는 것과 같다. 따라서 긍정적인 질문을 통해 자신만의 방법을 찾도록 해 주어야 한다.

- 배려와 격려, 희망으로 끝내야 한다.

상담을 하고 나면 꺼져 가는 불도 더 활활 타도록 해야 한다. 불을 피워 본 사람은 알 것이다. 불을 소중히 다루고 살짝살짝 뒤집어야 하는 것을. 상담을 통해 서로가 소통하면 최대의 위기를 막을 수가 있다. 소통하지 않으면 사후 보고밖에 할 수 없지만, 소통이 잘되면 사전에 위기를 막을 수 있다. 리더라면 구성원들이 상담에 쉽게 응할 수 있도록 분위기를 조성해야 한다. 사람들은 큰일에는 대범하고, 오히려 사소한 일에는 목숨을 걸거나 최악의 선택을 하는 경우가 의외로 많다.

- 경험을 공유하는 데 비중을 두어야 한다.

상담을 흔히 가르치는 것으로 생각하는 경우가 많다. 하지만 상담은 오히려 경청하고, 스스로 결정하도록 도와주는 행위라고 할 수 있다. 따라서 자신의 경험을 공유하고, 문제점을 찾아서 개선하는 데 초점을 두어야 한다.

- 당장의 결과보다 과정을 중시해야 한다.

상담은 결과나 성과보다는 근본적으로 프로세스, 즉 과정을 점검하고 개선하는 작업이다. 그리고 이를 통해 궁극적으로 새로운 성과를 가져오는 작업이다. 성과만 지향하다 보면 개선해야 할 과정이나 프로세스를 무시할 수 있다. 당장의 실적이나 결과에 연연하기보다는 소통을 통해 보다 나은 과정을 찾아내야 한다.

● 영업 실적에 연관된 사람들과 해야 한다.

간혹 다른 팀원이나 다른 팀장과 상담하는 경우가 있는데, 이는 피해야 한다. 인간적으로 한 번 정도는 가능하겠지만, 그 횟수가 잦아지면 괜한 오해를 살 수도 있다. 따라서 자신의 영업 실적과 연관이 없는 사람에게는 상담을 요청하지도 말고, 상담에 응하지도 않는 편이 좋다. 상담은 되도록이면 팀이나 지점에서 직속 관계에 있는 멘토와 하는 것이 좋다.

● 신뢰가 바탕이 되어야 한다.

상담에서 가장 중요한 것은 상담자와 피상담자 간의 신뢰다. 신뢰가 깨진 상태에서 상담 효과를 기대하는 것은 나무에서 물고기를 찾는 것과 같다. 상담은 기본적으로 상담자의 경험을 신뢰하고 존중하는 데서 출발해야 한다. 그렇지 않으면 시간 낭비가 된다. 신뢰를 가지기 위해서는 서로가 사전에 규칙적으로 시간을 정하고, 비밀 유지를 해야 한다. 사소한 것 때문에 서로 간에 신뢰가 깨지면 모기 한 마리가 큰 코끼리를 넘어뜨리는 상황까지도 갈 수 있다.

• 어린아이와 같은 순수한 마음으로 임해야 한다.

상담은 성과나 이익을 목적으로 해서는 안 된다. 오로지 자신의 성장과 발전, 미래를 지향하는 마음으로 임해야 한다.

• 절대 다른 사람을 흉보면 안 된다.

상담은 비난하거나 비판하는 것이 아니다. 당신이 과거에 잘했다고 해서 그것이 반드시 옳은 것도 아니다. 단지 있는 그대로를 보고, 그것을 현재의 상황에 빗대어 스스로를 발전시켜야 한다. 상담 중 다른 사람을 흉보면 부메랑처럼 반드시 화가 돌아온다.

• 내적·외적 성장을 목표로 한다.

상담은 궁극적으로는 개인의 발전을 지향한다. 내적·외적 발전을 통해 인간으로서 완성되어 가는 과정이라고 할 수 있다.

상담을 받아 본 사람은 팀원이나 조직원들을 이끌 때도 자신의 지난 경험을 토대로 해서 잘해 나갈 수가 있다. 사랑을 받아 본 사람만이 사랑할 줄 알듯이, 코칭을 받아 본 사람만이 코칭을 잘할 수 있다. 상담은 가깝게는 당장의 영업 실적을 향상시키는 순기능도 하지만, 미래에 더욱 튼튼한 조직을 만드는 데에서 더 큰 진가를 발휘한다.

당신의 멘토를 만들어라

먼 길을 가장 빨리, 행복하게 가려면 어떻게 하면 될까? 사랑하는 사람과 함께 가면 된다. 물리적인 거리가 아무리 멀더라도 심리적인 거리는 짧게 느껴질 것이기 때문이다. 사랑하는 사람과 함께라면 먼 길이든 가시밭길이든 마다할 사람이 어디에 있겠는가.

영업도 마찬가지다. 당신이 꾸준히 좋은 실적을 올리기를 원하고, 행복하게 영업을 하고 싶다면 누군가와 함께해야 한다. 여기서 누군가란 사랑하는 사람이 아니라 당신이 본받고 싶고, 당신의 모범이 되는 멘토나 코치를 말한다. 멘토나 코치는 영업을 하는 데 기본적인 동기부여를 제공할 뿐만 아니라 당신이 올바른 길을 가고 있는지 그렇지 않은지 바로미터가 된다.

그렇다면 멘토나 코치는 어디서, 어떻게, 누구를 찾아야 할까? 해답은 가장 가까운 곳, 즉 당신 주변에 있다. "등잔 밑이 어둡다."는 속담도 있지만, 사람들은 자기 주변 사람이나 사물에는 의외로 둔감하거나 경시하는 경향이 있다. 하물며 공자님께서도 "세 사람이 길을 가면 반드시 스승이 있다."라고 말씀하시지 않았는가. 누구든 스승이 될 수 있는데 굳이 멀리서 찾을 필요가 있겠는가. 가장 가까운 직장의 소속 팀이나 소속 지점에서 찾으면 된다.

멘토의 제대로 된 의미를 알아보기 위해 그 어원을 한번 들여다보자. 멘토는 그리스 신화에 나오는 오디세우스의 친구이자, 충실한 조언자의 이름에서 유래했다. 오디세우스는 트로이 전쟁에 출전하면서 집안일과 아들 텔레마코스의 교육을 멘토에게 맡겼고, 그가 전쟁에서 돌아오기까지 10여 년간 멘토는 왕자의 친구, 선생, 상담자, 때로는 아버지가 되어 그를 돌보았다고 한다. 이를 통해 멘토는 현명하고 신뢰할 수 있는 상담 상대, 지도자, 스승이라는 의미로 사용되고 있다.

그렇다면 당신은 어떤 기준으로 멘토를 찾아야 할까?

• 영업 실적과 관련이 있어야 한다.

멘토에는 여러 가지 형태가 있을 수 있다. 가령 각 분야별로 멘토를 정할 수도 있고, 인생에서 나침반과도 같은 사람을 멘토로 정할 수도 있다. 하지만 여기서는 영업이라는 업무에 한정해 멘토를 정할 필요가 있다. 물론 다른 분야의 멘토는 다른 사람을 선택할 수도 있고, 한 사람에게 몇 가지의 멘토링을 요청할 수도 있다. 단지 여기서는 영업을 다루고 있으므로 당신의 영업 실적과 관련된 사람으로 한정한다.

• 회사 시스템 및 기본에 충실해야 한다.

"하나를 보면 열을 안다."는 말이 있다. 큰 둑이 무너지는 것도 작은 틈에서 비롯된다고 하지 않던가. 일반적으로 성공한 사람들을 보면 회사 시스템과 기본에 충실한 사람들이었다는 조사 결과도 있다. 성공할 가능성이 높은 사람을 멘토로 삼아야 당신도 성공의 반열에 합류할 수 있다.

• 항상 긍정적이며 본보기가 되어야 한다.

긍정이란 부정적인 생각이나 행동을 이겨 내도록 해 주는 강한 해독제로, 가능성이라는 자물쇠를 여는 열쇠다. 긍정하지 않으면 부정적인 생각이나 행동에 휩싸일 뿐만 아니라 가능성을 현실로 만들 수도 없다. 만약 당신이 부정적인 멘토를 모셨다고 생각해 보라. 당신은 그의 말에 병들 것이며, 항상 비관만 할 것이다. 따라서 당신은 본보기가 되는 사람을 멘토로 설정해 그의 긍정적인 말과 행동을 본받아야 할 것이다.

• 기본 이상의 성과를 유지해야 한다.

아무리 인격적으로 좋은 사람이라 하더라도 당신에게 필요한 멘토는 영업에서 나아갈 방향을 일러 주는 사람이어야 한다. "아는 만큼 보인다."는 말이 있지 않은가. 직접 성과를 만들지 못한 사람이 다른 사람에게 이래라저래라 할 수 있겠는가. 공염불에 지나지 않는다.

• 신뢰와 덕망이 있어야 한다.

평판이란 그냥 만들어지는 것이 아니다. 하물며 기업에서는 인재를 선발할 때도 평판을 중요시해 다면평가를 한다고 하지 않는가. 성과가 좋은 사람이라 하더라도 신뢰와 덕망이 없다면, 편법을 사용했을 가능성이 크다. 편법은 단기간에 성과를 만들어 낼지는 몰라도 길게 갈 수는 없다. 그런 사람을 멘토로 삼는다면 당신도 편법으로 단기 성과에만 치중할 가능성이 높다. 절대 오래갈 수 없다.

당신은 계약에 도움을 달라는 의미에서 때로는 스폰서나 멘토에게 영업활동에 동행해 달라고 요청할 수도 있을 것이다. 그런 경우에는 미리 고객에게 시간이 날 때마다 멘토에 대해 충분히 프로모션을 해 두는 것이 좋다. 당신의 프로모션에 따라 결과가 달라질 수 있기 때문이다. 하지만 그런 경우, 멘토에게 부담을 주어서는 안 된다. 당장의 가시적 성과가 없더라도 고객과의 다음번 만남을 좀 더 수월하게 이어 가도록 해 준다면 그것으로 충분하다. 그리고 소정의 목적을 달성했다면, 그 성과를 멘토에게 돌리는 것이 좋다.

심수봉 씨의 노래 중 〈남자는 배 여자는 항구〉라는 노래가 있다. 왜 남자는 배, 여자는 항구일까? 배는 움직이지만, 항구는 항상 그 자리에 있기 때문이다. 그렇다면 어떤 항구에 더 크고 많은 배가 정박할까? 첫째, 물이 깊어야 한다. 둘째, 암초가 없어야 한다. 셋째, 사방에서 불어오는 바람을 막아 주어야 한다. 이 세 가지를 갖추어야 최고의 항구가 될 수 있다. 여기서 필자는 상담자(멘토)를 항구에, 피상담자(영업인)를 배에 빗대고 싶다.

SYSTEM

03

솔직하라

　상담을 하는 사람이나 받는 사람은 기본적으로 진솔해야 한다. 모든 것이 다 그렇지만, 상대를 의심하는 것은 서로에게 시간 낭비일 뿐이다.

　인간을 사회적 동물이라고 말한다. 사람들은 사회라는 틀 안에서 타인들이 자신을 어떻게 바라볼지에 대해 많은 관심을 기울이고, 혹여 자신의 결점이 드러나지는 않을까 두려워한다. 다른 사람들에게 완벽한 것처럼 보이려고 노력하는 것이다. 그 결과는 어떠한가. 오히려 자신의 결점을 숨기거나 개선하지 못한 채 평생을 살아간다.

　상담자와 피상담자의 관계는 사실 의사와 환자의 관계에 빗댈 수 있다. 당신은 아프거나 병에 걸려 병원에 가 본 적이 있을 것이다. 병원에 도착해 접수를 하고, 의사와 만나 이야기를 나누었을 때를 한번 떠올려 보라.

먼저 의사는 어디가 아프나거나 이상이 있어서 왔는지 물었을 것이다. 그리고 그 물음에 당신은 "○○가 아파요.", "○○에 통증이 와요.", "잠을 잘 수가 없어요."와 같이 자신의 증상을 낱낱이 알려 주었을 것이다. 의사가 당신을 고쳐 주리라는 강한 믿음이 작동했기 때문이다. 그러면 의사는 청진기를 대거나 당신이 아프다고 말한 부위를 면밀히 살피거나 검사를 하고 나서, 확진을 내리고 입원을 하라거나 주사를 맞으라거나 약을 받아 가라고 처방했을 것이다.

그런데 만약 믿음이 없어 의사에게 거짓말을 했다고 가정해 보자. 증상을 제대로 고하지 않았으니 의사는 당연히 당신의 병을 제대로 파악할 수 없을 뿐만 아니라 잘못된 진단과 처방을 내릴 수밖에 없다. 당신의 병이 제대로 나을 수 있겠는가? 이처럼 멘토는 당신의 병을 고쳐 주는 의사와도 같다. 따라서 반드시 믿고 따라야 하며, 솔직해야 한다.

당신에 대해 가장 모르는 사람이 누구라고 생각하는가? 의외로 자기 자신이다. 자신에 대해 제일 모르는 사람이 자기 자신이라는 말은 괜히 나온 것이 아니다. 내가 오히려 나를 모를 수 있다. 고정관념 때문에 그러하다. 고정관념의 예를 들 때, 대표적인 동물로 개구리가 있다. "우물 안 개구리.", "개구리 올챙이 시절 생각 못한다."와 같이 개구리는 고정관념의 대표 주자라 할 수 있다.

어디 이뿐인가. 미국에서 개구리를 가지고 실험을 했다고 한다. 솥에 물을 붓고 나서 개구리를 넣은 후 천천히 불을 지폈더니 죽을 때까지 뛰

처나오지 않고 그대로 죽었다고 한다. 이로 인해 개구리는 변화를 설명할 때, 고정관념과 익숙함, 변화를 거부하는 개체의 대명사가 되었다.

그런데 개구리보다도 고정관념이 강한 동물이 있다. 바로 인간이다. 인간은 자기 자신에 대한 고정관념이 매우 강하다. 게다가 자기 자신과 타협도 잘한다. 그것이 외부로 드러나는 행동이 바로 자기방어, 자기기만, 즉 변명이다. 특히 인간은 나태하거나 결과가 저조할 때면 쉽게 자기 자신과 타협한다. '오늘 안 되면 내일 하지 뭐.'라며 내일로 미루는 습관이 대표적이다.

영업에서도 마찬가지다. 이번 달 목표치를 달성하지 못하면 '다음 달에 하지 뭐.'라고 발전성이 없는 쪽으로 타협을 한다. 또한 매번 같은 방법으로 고객을 만나고 설득하면서도 더 좋은 성과를 기대한다. 이런 경우, 잘못된 행동을 스스로 통제할 수 없다면 외부의 힘을 빌려야 한다. 병원에서 장기가 제대로 작동하지 않는 경우, 이식을 하는 것과 같은 이치다.

이렇게 스스로를 통제하지 못한다면, 반드시 멘토와 상담을 해야 한다. 그때 당신은 환자라고 생각해야 한다. 앞에서 의사와 상담하는 환자처럼 자신의 문제점을 진실하고, 분명하며, 자세하게 전달해 멘토가 지닌 지식과 지혜에 도움을 요청해야 한다. 그리고 멘토와의 지속적인 만남을 통해 상담의 진전 상황을 확인하고, 더 나은 방향을 찾도록 서로 머리를 맞대야 한다.

SYSTEM

04

결과보다 과정을 중시하라

당신은 일반적으로 성과가 좋지 않을 때 상담을 받을 것이다. 그러나 좋을 때도 상담을 받아야 한다. 브레이크 없이 차가 앞으로만 질주한다고 생각해 보라. 안 봐도 뻔한 결과가 나타날 것이다. 영업도 마찬가지다. 상담이라는 브레이크로 강약을 조절하고 영업이 잘될 때에도 상담을 받아야 하는 이유가 여기에 있다.

하지만 대부분의 영업인들은 영업이 뜻대로 되지 않거나 몸과 마음이 힘들고 지칠 때, 성과가 잘 나타나지 않을 때, 어떤 난관에 부딪혀 수습하기 힘들 때에 이르러서야 상담을 요청는 경우가 많다. 그것은 상담이라고 할 수 없다. 오히려 상담 후에 더 나쁜 결과가 생길 수도 있다.

상담을 하는 많은 사람들이 도외시하는 것이 있다. 바로 타이밍이다. 상담은 기본적으로 잘되고 있을 때, 더 오랫동안 그 상태를 유지하기 위해 서로가 협력하는 것이다. 상담자든 피상담자든 간에 당신은 영업에 문제가 생기기 전에, 영업이 탄력을 받아 잘되고 있을 때 웃으면서 미래지향적이고 긍정적으로 상담을 해야 한다. 호미로 막을 수 있는 것을 방치했다가 포크레인으로도 막을 수 없다면 상담이 아니다.

문제가 발생한 후에 상담을 하면 서로가 지칠 수밖에 없다. 이럴 때 상담을 하면 과정보다는 결과 중심으로 가게 된다. 만족스러운 결과는 올바른 과정에서 나오게 마련이다. 영업 조직에서 결과만 가지고 상담을 하다 보면 문책이 될 수밖에 없다.

그렇다면 상담은 어떤 형태로 진행해야 할까? 과정을 중심으로 고객 한 명 한 명에 대해 1:1로 진솔하게 진행해야 한다. 과정은 결과의 어머니이며, 결과는 과정의 아들이기 때문이다. 과정인 어머니가 잘못되었는데, 결과인 아들이 제대로 나올 수 있겠는가.

옛말에 "배우는 학생보다 가르치는 교사가 더 많이 배우고, 열 번 배우는 것보다 한 번 가르치는 것이 더 낫다."는 말이 있다. 상담도 마찬가지다. 상담을 하다 보면 피상담인보다 상담인 자신이 더 많이 배운다. 그렇게 보았을 때, 상담은 윈윈(win-win)의 전형이라고 말할 수 있다. 상담이 상담인과 피상담인 모두에게 반드시 필요하며, 개인의 발전과 성장에 있어서 필수인 이유가 여기에 있다.

또한 상담은 이론에 치우치는 것이 아니라 현장 경험을 바탕으로 하기 때문에 생생히 살아있는 실질적 교육이 되어야 한다. 서로의 경험을 공유해 더 나은 발전적 과정을 만드는 것이 바로 상담이다. 최근 각 기업체의 임원이나 간부에서부터 일반 직원, 신입사원에 이르기까지 코칭이 많은 인기를 끌고 있다. 코칭은 기본적으로 상담을 전제로 한다. 상담은 서로를 신뢰하고, 서로의 발전을 돕는 상생의 협력 방법이다.

상담이 잘되면 당신은 자신의 영업 방향이 올바른지 점검할 수 있고, 효과적으로 진행되고 있는지 판단할 수 있다. "백지장도 맞들면 낫다."는 속담처럼 혼자서 모든 것을 고민하거나 해결하는 것은 무모하고 무식한 방식이다. 하물며 최고의 스포츠 스타들도 멘토나 코치에게 자신의 문제점을 지속적으로 상담하지 않는가.

당신도 그들처럼 상담을 받는 횟수에 비례해 영업 스킬과 성과, 사업이 성장, 발전할 것이다. 따라서 당신은 상담을 매일 먹는 밥과 같이 일상적인 것으로 인식해야 한다. 다음은 상담을 할 때, 피상담자가 기본에 충실한 사람인지 알아보기 위해 체크해야 할 것들이다.

1. 회사 시스템 준수하고 있는가?

2. 출퇴근 시간은 잘 지키고 있는가?

3. 성장과 발전에 필요한 교육이나 자료를 학습하고 있는가?

4. 매일 30분 이상 책 읽기를 하고 있는가?

5. 매일 5명 이상 고객을 방문하거나 연락하고 있는가?

6. 매일 신규고객을 한 명 이상 발굴하고 있는가?

튼튼한 조직,
상담을 통해 만들어라

당신도 언젠가는 현장에서 영업을 하다가 영업 관리, 즉 열심히 고객을 발굴하는 중에 리쿠르팅 후보자를 찾게 될 것이다. 『아마추어는 영업을 하고 프로는 리쿠르팅을 한다』는 책도 있듯이 영업인이라면 누구나 프로가 되어 리쿠르팅을 하고, 자기만의 조직을 만들고 싶어 한다.

인간은 권력을 좇는 동물인지라 자기만의 조직, 자기만의 리더십을 발휘하고 싶은 욕구가 있다. 하지만 그것은 생각만큼 쉽게 이뤄지는 것이 아니다. 그 이유로는 여러 가지가 있겠지만, 크게 두 가지로 압축할 수 있다.

첫째, 후보자 발굴이 어렵다는 것이다. 아직까지도 우리 사회는 영업을 천시하는 풍조가 만연해 있다. 그래서 지원자도 많지 않을 뿐만 아니라 리쿠르팅 후보자라 하더라도 영업을 기피하는 경우가 많다.

둘째, 신규 후보자를 발굴해서 리쿠르팅을 했다고 하더라도 정착이 어렵다는 것이다. 리쿠르팅한 신규 사원이 여러 가지 이유로 조직에 적응하지 못한다거나 급여에 대해 불만을 가져서 조직을 떠나는 것이 대표적이다. 게다가 영업직은 기본적으로 다른 직종에 비해 이직률이 높은 편이다. 이렇다 보니 리쿠르팅을 한 사원이 몸은 회사에 있더라도 마음은 뽕밭에 가 있는 경우가 많다. 그러다 보면 다른 유혹에 쉽게 허물어질 수도 있다.

이 두 가지를 모두 가능하게 하는 것이 바로 이 책에서 필자가 설명한 성공의 8단계 시스템이다. 특히 7단계인 상담 부분은 당신의 조직을 튼튼하게 만들고, 확장하려는 사람에게 무엇보다도 중요하다. 사실 상담은 다른 사람을 가르치는 것이 목적이 아니라 고민에 대해 공감을 해 주는 소통의 장이라고 할 수 있다.

소통에서 제일 중요한 것은 앞에서도 언급했지만 경청이다. 사람은 누구나 말하기를 좋아한다. 특히 영업인들 중에서는 고객들을 만났을 때 자기 혼자서 말을 하고 끝을 맺는 사람들도 많다. 말은 잘하면 물론 도움도 되겠지만, 잘못하면 돌이킬 수 없는 부메랑으로 돌아온다. 많은 말은 오히려 실수를 불러오게 마련이다. 우리 속담을 보더라도 말조심에 대한 것이 많은 이유가 여기에 있다. 가장 좋은 상담은 말을 많이 하는 것보다 경청을 하는 것이다.

앞에서도 말했지만, 대부분의 영업인들은 일이 제대로 풀리지 않을 때에야 비로소 상담을 요청한다. 상처가 곪아 터지고 나서야 병원을 찾아와 의사에게 상담하는 환자인 것이다. 그러면 의사는 수술을 하라는 것과 같이 극단적인 조치를 취할 수밖에 없다. 따라서 조직원들을 상담할 때에도 상황을 미리 파악해 일이 커지기 전에 정기적인 소통의 시간을 가져야 한다.

당신은 사실 상담만 잘해도 조직을 활기차게 만들 수 있고, 성과도 200% 이상 올릴 수 있다. 하지만 팀원들이 상담을 요청할 때는 영업 방법을 몰라서 하는 경우도 있지만, 고객에게서 받은 스트레스나 동료 팀원들과의 관계 등에 대해 상담하는 경우도 많다. 거기에는 특별한 답이 없다. 조언을 잘못했다가는 팀원들 간에 이간질을 시켰다는 오해를 받을 수도 있다. 그런 경우에는 가만히 들어 주고, 칭찬을 하는 방법밖에 없다.

상담은 문제에 대한 답을 직접 제시하기보다는 함께 문제의 답에 접근해 가는 과정이다. 가장 효과적인 상담은 많이 들어 주고, 칭찬이나 격려를 해 주며, 용기를 북돋우는 것이다. 그에 대한 필요충분조건은 서로 간의 신뢰다. 이왕지사 서로 귀중한 시간을 할애해서 상담 시간을 갖는다면 최대의 효과를 보아야 한다.

최근 소통이 국가, 조직, 가정 내에서 최대의 화두로 떠오르고 있다. 언론에서는 세대 간, 지역 간, 계층 간 불통에 대해 끊임없이 소통 방안을 찾자며 외치고 있다. 이러한 불통은 많은 시행착오와 사회적 비용을 요구한다. 당신은 어떠한가. 그리고 당신 조직은 어떠한가. 그러한 사회적 비용을 치르지 않고 새로운 도약의 에너지로 활용하고 있는가.

8장

성공 시스템을
복제하라

1. 당신의 멘토를 복제하라 | 2. 조직 구성원에게 당신을 복제하라 | 3. 복제를 통해 삶과 비즈니스를 바꿔라

SYSTEM
01

당신의 멘토를 복제하라

몇 년 전에 논란이 일기는 했지만, 황우석 박사의 DNA 복제에 관한 이슈는 멀지 않은 미래에 그것이 가능하리라는 확신을 심어 주었다. 당신도 공상과학 영화를 보면서 자신과 똑같은 사람이 어딘가에 있을지도 모른다고 생각해 본 적이 있을 것이다. 그리고 윤리적 문제를 차치하더라도 자신과 똑같은 사람이 몇 명 더 있으면 여러 모로 편리할 것이라고 생각했을 수도 있다.

그렇다면 당신은 왜 그런 상상을 했던 것일까? 무엇보다도 한정된 시간에 자신의 활동 영역을 넓히고, 역할이나 과중한 업무를 분담할 수 있기 때문일 것이다. 그리고 자신처럼 열심히 일하는 사람이 몇 명 더 있다면 최고의 영업 조직이 되지 않을까 생각했을 수도 있다. 일명 일당백처럼 말이다.

아마 영화 〈300〉이나 미국 드라마 〈스파르타쿠스〉를 본 사람들은 느꼈을 것이다. 하나의 이념, 하나의 목표를 향해 나아가는 사람들의 열정적이고, 장엄한 모습을. 사회적 동물인 인간이 하나의 숭고한 가치를 향해 앞으로 나아가는 모습은 그야말로 감동 그 자체라고 할 수 있다. 그것들을 보면서 가슴속에서 에너지가 용솟음치고 당신도 리더가 되고 싶은 욕망을 느꼈을 것이다.

그런데 영업에서도 하나의 이념, 하나의 목표를 향해 나아가는 방법이 있다. 일명 리쿠르팅이다. 리쿠르팅은 생물학적 DNA 복제와는 달리 의식적 DNA 복제, 사회적 DNA 복제라 할 수 있다. 신체를 똑같이 복제하는 것이 아니라 철학, 사고, 행동 등을 다른 사람에게 복제하는 것인 셈이다. 이를 통해 가능한 것이 바로 사회화, 조직화다.

당신도 아마 영업을 하면서 리쿠르팅을 통해 자신의 철학과 사고, 행동을 그대로 전사하여 복제하고 싶은 욕구를 가진 적이 있을 것이다. 왜냐하면 전사를 통한 복제야말로 혼자 열심히 해서 먹고살던 개미영업에서, 네트워크를 통해 풍요로운 거미영업으로 성장하는 것이기 때문이다. 성장과 발전을 거부할 사람은 이 세상에 아무도 없다.

하지만 그것은 결코 쉬운 일이 아니다. 그렇다고 전혀 불가능한 일도 아니다. 그렇다면 어떻게 해야 자신과 같은 사람, 자신보다 영업을 더 잘하는 사람을 복제할 수 있을까? '원판불변의 법칙'이라고 들어 보았을 것이다. 아무리 잘해도 원판보다 좋을 수 없다는 뜻이다. 원판이 선명할수록 복사판도 선명해진다. 좋은 사람을 복제하려면 당신부터 좋은 영업인이 되어야 한다.

이와 마찬가지로 당신도 좋은 영업인이 되려면 좋은 원판, 즉 당신이 정말 닮거나 따라 하고 싶은 멘토를 복제해야 한다. 그러기 위해서는 먼저 복제할 멘토, 가령 지금 하는 일을 소개한 사람이나 소속 팀장, 소속 지점장 등 당신의 영업 실적과 관련된 사람 중에서 성공한 사람을 찾아야 한다. 그리고 그 사람의 철학, 사고, 행동, 목표, 스킬 등을 복제해야 한다.

당신은 좋은 영업인이 타고난다고 생각하는가, 아니면 만들어진다고 생각하는가? 타고나는 것이라면 신체적인 DNA 복제만이 해법이 될 것이다. 만약 그렇다면 의식적 복제가 무슨 의미가 있겠는가. 필자는 선천적으로 타고나는 영업인과 후천적으로 만들어지는 영업인의 비율이 2:8 정도라고 생각한다. 선천적으로 타고난 20%를 선별해 교육한다면 더욱 효과적인 것은 당연하다.

'청출어람(靑出於藍)'이라는 말이 있다. '푸른색은 쪽빛에서 나왔지만, 쪽빛보다 더 푸르다.'는 의미로, '스승보다 나은 제자'를 일컫는 말이다. 이 말 속에는 스승에게 배운 제자가 스승보다 뛰어날 수 있다는 복제의 위력이 숨어 있다.

유명한 과학자 에디슨은 "99%의 노력과 1%의 영감이 최고를 만든다."고 말했다. 영업도 마찬가지다. 당신도 99%의 노력만 있으면 의식복제가 가능하다. 훌륭한 멘토의 의식적 DNA를 복제하면 당신도 조직을 단단하게 만들고, 크게 확장할 수 있다.

그런데 노력에서 가장 중요한 부분을 차지하는 것이 바로 교육이다. 교육과 함께 조직은 헌신과 배려, 소통이라는 덕목이 더해져 더욱 단단해지고 짜임새를 갖춰 간다. 필자가 이 책에서 제시하는 성공의 8단계 시스템은 그것들을 조건반사적으로 학습하는 방법을 다루고 있다.

조직은 그냥 만들어지는 것이 아니다. 당신부터 솔선수범하여 멘토의 장점들을 복제하고 그를 넘어서기 위해 지속적인 노력과 학습을 병행해야 한다. 그러면 당신은 자신의 능력과 꿈의 크기에 따라 얼마든지 후배 영업인들을 복제할 수 있을 것이다.

조직 구성원에게
당신을 복제하라

1997년 영국 로슬린연구소의 이언 월머트(Ian Wilmut) 박사 등이 복제양 돌리를 탄생시킨 후 DNA 복제는 현대 과학과 의학 분야에서 지속적으로 논란을 불러일으킨 화두가 되었다. 어디 그뿐인가. 이제는 수많은 공상과학 만화나 영화, 드라마에서도 단골 소재로 등장하고 있다. 머지않은 미래에는 인간 복제도 가능하리라는 전망도 나오고 있다.

하지만 현재 인간 복제는 세계적으로 찬반양론이 팽팽하다. 찬성하는 쪽에서는 인공수정으로 시험관 아기를 만드는 수준을 넘어 무성생식이 가능함으로써 불임 문제를 해결하고, 염색체 이상 등 선천성 결함을 예방하며, 신장이나 골수 등 장기이식을 활성화할 수 있다고 보고 있다. 반면, 종교계를 비롯한 반대론자들은 복제양 돌리가 탄생하기까지 무려 250여 회의 실험이 실패로 돌아간 것처럼 기술적 위험성이 여전히 존재해 기형이나 조기 사망을 피할 수 없고, 복제인간의 생산은 남녀 간의 자연스러운 성적 결합을 전제로 한 가족 공동체를 파괴하며, 유전적 동일성을 초래해 진화를 방해하고 질병에도 취약해진다는 문제점을 지적하고 있다.

그런데 복제는 사회학 분야에서 본다면 자기증식과 동의어가 된다. 여기서 복제란 나와 똑같은 의식을 가지고 똑같은 행동을 하는, 또 다른 누군가를 만들어 내는 것을 말한다. 그러기 위해서는 기본적으로 존경과 추종이 뒤따라야 한다. 물론 그것을 얻어 내기 위한 지식과 희생, 배려는 필수다. 이러한 조건을 충족시킨 대표적인 모델이 바로 예수와 공자다.

예수와 공자는 살아생전에도 수많은 사람들에게 존경을 받았지만, 사후에도 끊이지 않고 추종자들을 양산해 냈다. 살아서는 물론 죽고 나서도 자기증식을 통해 그들의 신념을 따르는 사람들을 끊임없이 양산하는 지속 가능한 시스템을 만들어 낸 것이다. 그 결과 지금은 어떠한가? 각각 전 세계 1/4가량의 사람들이 그들의 그늘 아래서 복제인간으로 살아가고 있다. 이처럼 자신의 이념이나 신념, 목표, 이정표를 같이 하는 사람들을 만들어 내는 것도 일종의 복제라 할 수 있다.

그렇다면 이런 복제는 예수나 공자 같은 성인들만 할 수 있는 것일까? 아니다. 당신도 할 수 있고, 추종자들을 만들 수 있다. 모든 것은 복제를 통해 영속성을 유지한다. 자연은 물론 인간의 몸에서도 복제 현상을 발견할 수 있다.

가령 '작은 물줄기 → 강 → 바다 → 작은 물줄기'와 같은 순환을 통해 물은 자기 복제를 한다. 우리 몸도 'DNA → RNA → Cel → DNA'라는 구조로 끊임없이 자기 복제를 한다. 이처럼 세상의 모든 것은 위에서 아래로 흐르고, 아래에서 위를 지향한다.

조직도 마찬가지다. 회사 창업자의 철학과 이념이 조직원들에게 전파되어 기업문화를 이룬다. 조직원들은 자발적이든 자발적이지 않든지 간에 그것을 따르고, 지키며 회사 창업자의 추종자가 된다. 이것이 바로 복제가 아니고 무엇이겠는가.

하지만 복제는 강제적인 주입식 교육을 통해서는 지속될 수 없다. 그럴 경우, 조직원들은 머잖아 조직을 떠날 것이다. 아래에서 위를 추종하거나 지향하지 않는다면 복제가 아니라고 할 수 있다. 따라서 당신은 자신이 먼저 타인의 본보기가 되어 자발적, 암묵적인 복제를 해야 한다.

그래야 복제는 지속 가능하며, 큰 힘을 가진다. 명령과 지시에 따른 복제는 힘이나 돈으로 상대를 굴복시키는 것과 같다. 복제의 중심에는 리더십이 자리해야 한다. 여기서 말하는 리더십이란 따뜻한 카리스마, 즉 덕(德)이라 할 수 있다.

필자는 많은 영업인들에게서 자기 같은 사람이 몇 명만 더 있으면 좋겠다는 말을 수없이 듣는다. 여기에 답이 있다. 세상에 자기와 똑같은 사람이 태어나는 것은 불가능한 일이다. 물론 쌍둥이의 경우, 외모는 똑같을지 몰라도 성격이나 행동은 다를 수밖에 없다.

하지만 철저한 시스템을 통한 의식 복제는 가능하다. 의식 복제는 수많은 반복을 통한 또 다른 창조적 작업이다. 시스템에 접목하지 않은 복제와 모방은 돌연변이만 만들 뿐이다. 돌연변이는 오히려 조직을 와해시키는 독소가 될 수 있다는 것을 유념해야 할 것이다.

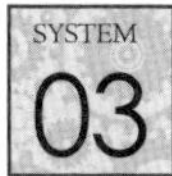

복제를 통해
삶과 비즈니스를 바꿔라

복제에는 강제적이고 강압적인 비자발적 복제와 스스로 따라하는 자발적 복제, 은연 중 몸에 배는 암묵적 복제가 있다. 앞에서 말했듯이 비자발적 복제는 오래갈 수 없을 뿐만 아니라 많은 사람들에게 전파될 수 없다. 하지만 자발적 복제와 암묵적 복제는 사후는 물론 많은 사람들에게 전파된다. 당신이 자발적 복제와 암묵적 복제에 주목해야 하는 이유가 여기에 있다.

암묵적 복제의 대표적인 예를 꼽자면 가정을 들 수 있다. 당신은 자식이 부모의 잘못된 습관을 그대로 복제한 것을 본 적이 있을 것이다. 가령 술버릇이 안 좋거나, 화를 잘 내거나, 폭력적인 사람의 경우에 그렇다. 당신은 그런 행동이 그들의 부모에게서 대물림되었던 많은 사례들을 듣거나 보았을 것이다. 이미 미디어를 통해 그 증거들이 끊임없이 나오지 않았는가. 폭력적인 가정에서 자란 아이들의 경우, 어릴 때는 피해자였을지 몰라도 커서는 그것을 복제해 가해자가 되기도 한다.

반면 화목한 가정에서 자라난 아이들은 어떤가. 그들은 자신의 부모를 보며 자신도 그렇게 되기를 꿈꾼다. 부모에게서 화목한 가정을 이끌어 가고 싶은 동기부여를 받은 것이다. 많은 자녀교육서에서 유대관계와 본보기를 강조하는 이유가 여기에 있다.

어린아이들은 특히 무의식중에 가장 가까운 사람에게서 사회를 살아가는 방식을 배운다. 그리고 암묵적으로 그것을 고정관념으로 여기게 된다. 가부장제에서 살아온 남자 아이들이 아버지의 행동을 은연중에 반복하는 이유가 여기에 있다. 이것이 바로 암묵적 복제의 무서움이라고 할 수 있다.

암묵적 복제는 무의식적으로 따라 하기 때문에 복제할 대상이 누구인지에 따라 큰 차이를 낳는다. "윗물이 맑아야 아랫물이 맑다."나 "어린아이 앞에서는 숭늉도 못 마신다."와 같은 속담만 봐도 이것을 잘 알 수 있다. 당신이 만약 복제를 통해 거미형 영업을 꿈꾸고 있다면 이것을 반드시 유념해야 한다.

자발적 복제의 위력을 가장 잘 보여 주는 사례로는 예수의 전도 방법을 들 수 있다. 하나님의 아들 예수는 이 땅에 육신으로 태어나 땅 끝까지 하나님을 전도하라고 말씀하셨다. 그리고 자신과 같은 사람들을 제자로 만들라는 지상 명령을 내리시고는 하늘나라로 가셨다. 그 후 2,000여 년이 흐른 지금은 어떠한가. 전 세계의 약 1/4이 기독교인으로, 예수의 추종자가 되었다.

또한 지금도 신학교와 교회에서는 많은 사람들이 예수를 닮고, 그의 신념을 배우기 위해 공부를 하거나 노력을 기울이고 있다. 어디 그뿐인가. 많은 사람들이 예수의 신념을 더 널리 전파하기 위해 자기 돈을 들이는 것을 마다하지 않고 국내외에서 선교활동을 하고 있다. 이것이야말로 자발적 복제가 가지는 위대한 힘이 아니고 무엇이겠는가.

그렇다면 당신은 어떤 복제를 해야 할까? 결론부터 말하자면 암묵적이고, 자발적인 복제를 병합해야 한다. 당신을 1인 기업이라고 생각해 보라. 우리가 사는 세상에는 박지성, 류현진, 김연아 등 1인 기업이 참 많다. 하지만 그들은 자신과 같은 1인 기업을 복제할 수 없다.

그러나 당신은 다르다. 당신은 영업을 통해 얼마든지 당신과 같은 사람들을 복제할 수 있다. 그리고 당신이 얼마나 큰 꿈을 꾸느냐에 따라 얼마든지 비즈니스를 확장할 수 있다. 그러기 위해서는 성공의 8단계 시스템의 뼈대를 구축하고, 그 시스템을 복제하는 것이 필수다.

그리고 영업에 필요한 각종 스킬과 상품 및 마인드 교육, 정보·지식 교육, 독서 등을 통해 시스템의 뼈대에 살을 붙인다면 복제는 좀 더 구체화될 것이다. 그렇게 하면 당신은 누구나 바라는 시간적·경제적 자유를 얻을 수 있다. 이런 철저한 복제 교육은 당신의 비즈니스 영역을 튼튼하게 만들어 줄 뿐만 아니라 어떤 경제 환경에서도 무너지지 않고 꾸준히 성과를 내도록 만들어 준다.

　당신은 조용한 연못에 돌을 던져 본 적이 있는가? 돌이 떨어진 곳에서부터 파동이 일어나며 점점 멀어지는 것을 보았을 것이다. 이와 같이 복제는 외부가 아니라 나의 내면에서, 멀리서가 아니라 가장 가까운 곳에서부터 시작된다. 그리고 그런 복제야말로 자주적 복제이며, 큰 위력을 발휘한다.

　당신은 복제의 위력을 경험해 본 적이 있는가? 사람이라면 누구나 자신을 대신해 줄 수 있는 또 다른 나를 원한다. 이것은 사람들이 왜 권력 의지를 가지고, 왜 리더가 되기를 원하는지에 대한 답과 같다. 당신에게는 영업 현장이 바로 그런 기적을 불러오는 곳이다. 답이 나왔으면 바로 실행해야 한다. 당신을 기다리는 많은 사람들에게 새로운 생명을 불어넣어야 한다. 좋은 것이라면 함께하며 나누는 것이 인지상정이지 않겠는가. 그러기 위해서는 당신이 곧 시스템이 되어 성공해야 한다.

이 책을 통해 많은 영업인들이 요령다운 요령을 부렸으면 하는 것이 필자의 소망이다. 진정한 요령이란 본문에서도 말했지만 기본기의 반복에서 창조되는 자신만의 비법이다.

돈에 암수가 있다는 말을 들어 보았는가? 분명 돈에는 암수가 있다. 그럼 어떤 돈이 암돈이고, 어떤 돈이 숫돈일까?

어릴 적 필자의 집에서는 똥개를 키웠다. 그런데 암캐를 키울 때와 수캐를 키울 때가 완전히 달랐다. 암캐는 어느 정도 성장하면 짝짓기를 위해 수캐들을 불러들이는 반면, 수캐들은 집을 나가 암캐 근처에서 서성거렸다.

돈도 마찬가지다. 암돈은 한 번 들어오면 투자나 저축을 통해 이자에 이자를 더하지만, 숫돈은 들어오기가 무섭게 각종 세금 및 생활비, 카드 사용비. 대출이자로 나가기에 바쁘다. 그럼 누구의 돈이 암돈이고 누구의 돈이 숫돈일까? 부자가 가지고 있는 돈은 이자를 불리니 암돈이고, 서민이 가지고 있는 돈은 지출하기에 바쁘니 숫돈이다. 따라서 당신도 자신의 돈을 빨리 암돈으로 성 전환시켜야 경제적인 자유를 맛볼 수 있다.

그렇다면 어떻게 하면 돈을 성 전환시킬 수 있을까? 두 가지 방법이 있다. 첫 번째는 빠른 시간 안에 종잣돈 일억 원을 만드는 것이고, 두 번째는 당신의 영업 그룹을 만드는 것이다. 전자를 선택한다면 일억 원을 만드는 적금에 하루라도 빨리 가입해야 할 것이고, 후자를 선택한다면 이 책을 잘 활용하면 된다. 필자는 이 시스템을 통해 보험 경력 2년 차부터 10년이 넘는 지금까지 한 번의 슬럼프도 없이 매년 약 일억 원의 소득을 냈음을 자부한다.

부디 이 책이 500만 영업인들과 성공을 꿈꾸는 많은 이들에게 자그마한 희망의 불씨라도 된다면 그동안 집필하면서 느낀 고통은 환희가 될 것이다. 언제나 열린 가슴으로 새로운 도전을 꿈꾸는 많은 분들에게 이 책을 바친다. 모두들 힘내시고, 화이팅!

성공 영업
8단계 시스템
실행 순서도

성공 영업 8단계 System의 실행 순서도는 다음과 같다.

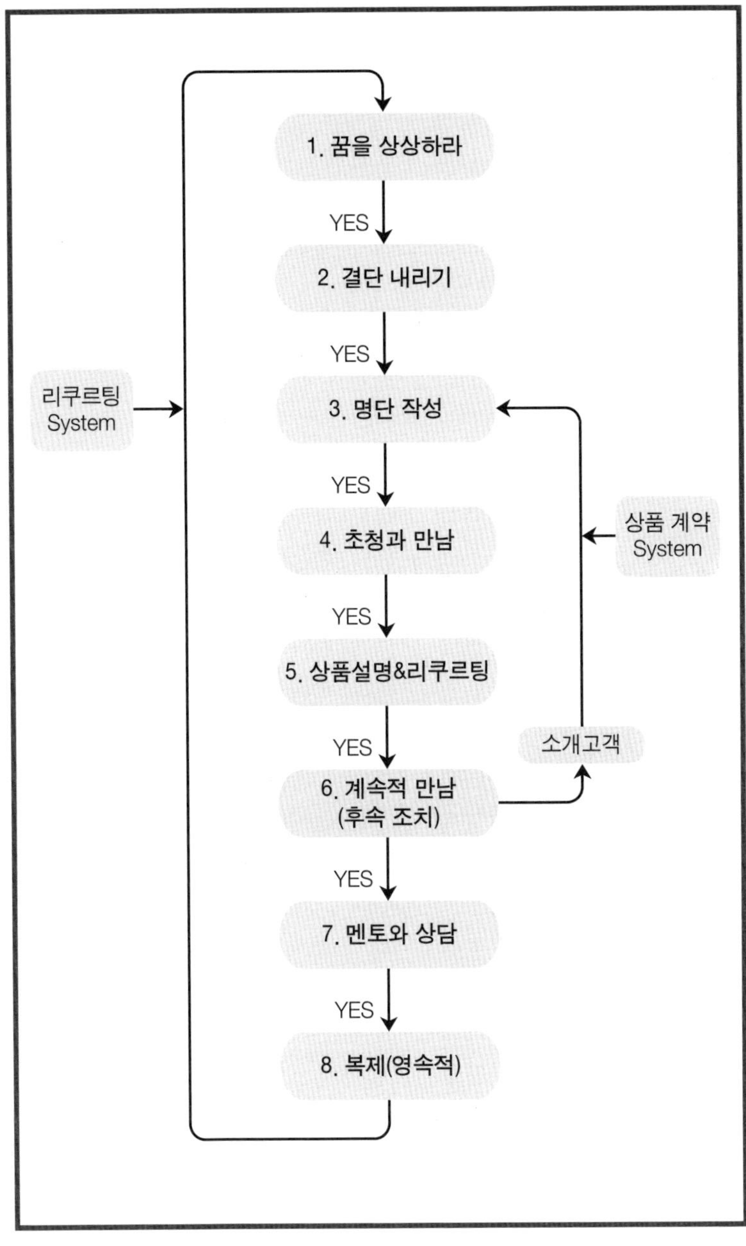

성공 영업 8단계 시스템의 실행 순서도의 세부 내용

1. 꿈을 상상하기

① 꿈을 꾸어라.

② 꿈을 적어라.

③ 목표 및 계획을 구체화하라.

④ 꿈을 말하라.

2. 결단 내리기

① 부정적 생각과 습관을 버려라.

② 긍정적으로 생각하고, 적극적으로 행동하라.

③ 자신감과 확신감을 가져라.

④ 성공에 방해되는 모든 것을 적고, 이별하라.

3. 고객 리스트 작성하기

① 가까운 관계를 소중히 여겨라.

② 미리 판단하지 마라.

③ 무조건 적어 보자.

④ 계속 보완하라.

4. 초청과 만남

① 고객과의 만남에서 주도권을 가져라.

②고객을 당당하게 초청하라.

③고객에게 호기심을 유발하라.

④약속 시간을 철저히 지켜라.

5. 상품 설명과 리쿠르팅

①당신의 회사와 취급 상품에 100% 확신을 가져라.

②간략하게 말하라.

③말보다 객관적 자료를 활용하라.

⑤끝을 내려고 하지 마라.

⑥고객에게 다시 만날거리를 제공하라.

6. 계속적 만남

①24~48시간 내에 고객을 다시 만나라.

②고객이 관심 있고 필요로 하는 자료를 제공하라.

③멘토를 프로모션하라.

④고객을 규칙적으로 만나라.

⑤계약 체결 및 가망고객을 소개받아라.

7. 멘토와 상담

①기본에 충실한 멘토와 상담하라.

②자신의 영업 실적과 상관있는 멘토와 상담하라.

③긍정적인 대화만 하라.

④ 경청하라. 문제 해결에만 초점을 두지 마라.

⑤ 규칙적인 시간을 정하라.

8. 복제하기

① 팀원 혹은 본인이 리쿠르팅한 사람에게 복제하라.

② 1단계부터 철저히 시작하라.

③ 내가 먼저 철저히 복제하라.

④ 거미 영업을 하라.

⑤ 내가 곧 시스템임을 자부하라.